TERMINOLOGÍA DE BANCA Y BOLSA

ESPAÑOL - FRANCÉS

Español - Francés

ESPAGNOL - FRANÇAIS

Español - Francés

PRÓLOGO

Este diccionario nace de la necesidad que existe en el campo de la empresa, la banca y la bolsa, debido al proceso de desarrollo vivido por la economía mundial, que nos ha llevado a estar cada día más conectados con los mercados internacionales. Igualmente la coyuntura europea y mundial está exigiendo a nuestros empresarios la búsqueda de nuevos mercados y la potenciación de los mismos.

Por otra parte, la expansión de nuestra economía y el actual nivel de vida alcanzado obligan a nuestros empresarios e inversores a un mayor esfuerzo para estar al día en la terminología usual en los países miembros de la Comunidad Europea y poder tener a mano y en un solo volumen los términos más usuales de la banca, y de la bolsa, en francés y español, lenguas muy utilizadas en el mundo empresarial.

Hemos puesto a disposición del traductor y de los empleados de la Banca y de la Bolsa un diccionario con más de 6.000 términos y locuciones.

La rápida evolución y el progreso de las técnicas comerciales son la base de la economía que hace necesario una obra de consulta que facilite rápidamente las palabras y términos utilizados en los dos idiomas.

Por lo tanto esta obra quiere ser un elemento para la aclaración conceptual y de gran precisión de la amplia y cada día más numerosa terminología utilizada en la práctica diaria.

En un gran número de palabras hemos introducido sinónimos que pueden facilitar una mejor comprensión de la palabra deseada.

Deseamos que el presente Diccionario constituya un valioso instrumento de consulta técnica que satisfaga las necesidades de cuantas personas trabajan en el campo económico, bancario y bursátil.

PROLOGUE

Ce dictionnaire vient de la nécessité qui existe dans le domaine des affaires, de la banque, de la bourse et le monde du droit en général, en raison du processus de développement connu par l'économie mondiale, ce qui nous a amenés à être de plus en plus connecté avec les marchés internationaux.

De même, la situation en Europe et dans le monde exige de nos entrepreneurs à la recherche de nouveaux marchés et de les renforcer.

Par ailleurs, l'expansion de notre économie actuelle et le niveau de vie atteint forcer nos entrepreneurs et les investisseurs à un majeur effort pour être à jour dans la terminologie usual dans les pays membres de la Communauté Européenne et pouvoir avoir à la main et dans un seul volume les termes plus usuales du droit, l'économie, la banque, et la bourse, en français et espagnol, langues très utilisées dans le monde des entreprises.

Nous avons mis à la disposition du traducteur, les avocats et les employés de la Banque et de la Bourse un dictionnaire avec plus de 6.000 mots et expressions.

L'évolution rapide et les progrès des compétences en affaires sont à la base de l'économie nécessite un ouvrage de référence rapide pour faciliter les mots et termes utilisés dans les deux langues.

Par conséquent, ce travail se veut un élément de clarification conceptuelle et la précision de la terminologie grande et plus nombreux utilisées dans la pratique quotidienne.

Español - Francés

About this book

©2012: Esteban Bastida Sánchez

Derechos exclusivos de edición
reservados para todo el mundo

ISBN-13:978-1512381504
ISBN-10:1512381500

Queda prohibido la reproducción de la totalidad, o de cualquier parte de la presente obra, incluido el diseño de la cubierta. Igualmente no podrá ser almacenada o transmitida en manera alguna ni por ningún medio, ya sea eléctrico, químico, mecánico, óptico, de grabación o de fotocopia, sin permiso expreso del autor de la obra.

Toute représentation, traduction, adaptation ou reproduction, même partielle, par tous procédés, en tous les pays, faite sans autorisation préalable est illicite et exposérait le contrevenant à des poursuites judiciaires.

Contenido

PRÓLOGO 4

PROLOGUE 5

About this book..6

Abréviations - Abreviaturas...8

a cargo de 11

baja..32

caballero...38

chantaje 65

dador 66

economía..77

fábrica 88

ganador 94

haber 96

identidad 97

jefe 107

ladrón 109

llamar 113

macroeconomía 114

nación...120

objetivo 122

pacto...127

quebrantamiento 144

rápidamente...145

saber 156

tabla..163

último 168

valía..169

zona..173

Abréviations - Abreviaturas

f.	substantif féminin	sustantivo femenino
f.pl.	substantif féminin pluriel	sustantivo femenino plural
m.	substantif masculin	sustantivo masculino
m.pl.	substantif masc.pluriel	sustantivo masculino plural
p.p.	participe passé	participio pasado
part.	participe	Participio
prep.	préposition	Preposición
pron.	pronom	Pronombre
v.intr.	verbe intransitif	verbo intransitivo
v.irreg.	verbe irégulier	verbo irregular
v.pron.	verbe pronominal	verbo pronominal
v.tr.	verbe transitif	verbo transitivo
v.tr.irreg	verbe transitif irrégulier	verbo transitivo irregular

Terminología de Banca y Bolsa

ESPAÑOL - FRANCÉS

Esteban Bastida
François Alvarez

Español - Francés

a cargo de

Español	*Francés*
a cargo de	à charge de
a causa de	à cause de
a condición	à condition
a condición que	à condition que
a corto plazo	à court terme
a crédito	à crédit
a cuenta	acompte
a diferencia de	contrairement à
a falta de	à défaut de
a favor de	à la faveur de
a fecha fija	à date fixe
a fondo perdido	à fonds perdu
a futuro	à futur
a la baja	à la baisse
a la fecha	à date
a la par	au pair
a la vista	à vue
a largo plazo	à long terme
a medio plazo	à moyen terme
a nuestro cargo	à notre charge
a pagar	payable (a.)
a plazo	à terme
a precio de mercado	à prix du marché
a título informativo	à titre informatif
a todos los efectos	à tous effets
abajo firmante	soussigné (a.)
abandono de acciones	abandon d´actions

abarcar *(v. tr.)*	**embrasser** *(v. tr.)*
abierto *(a.)*	**ouvert** *(a.)*
abogacía *(f.)*	**barreau** *(m.)*
abogado *(m.)*	**avocat** *(m.)*
abogado consultor	*avocat conseil*
abonable *(a.)*	**abonable** *(a.)*
abonado *(a.)*	**abonné** *(a.)*
abonar *(v. tr.e intr.)*	**créditer** *(v.)*
abonar al contado	*payer au comptant*
abonar de más	*payer en trop*
abonar en cuenta	*créditer en compte*
abonar una remesa	*créditer une remise*
abonaré *(m.)*	**avis de crédit**
abono *(m.)*	**paiement** *(m.)*
abono a cuenta	*~ à titre d'acompte*
abonos pendientes	*paiements en attente*
abrir *(v. tr.)*	**ouvrir** *(v. intr.et tr.)*
abrir un crédito	*ouvrir un crédit*
abrir una cuenta	*ouvrir un compte*
absoluto *(a.)*	**absolu** *(a.)*
absorber *(v. tr.)*	**absorber** *(v. tr.)*
absorber costes	*absorber les coûts*
absorber pérdidas	*absorber les pertes*
abusar *(v. intr.)*	**abuser** *(v.tr.)*
abusivo *(a.)*	**abusif** *(a.)*
abuso *(m.)*	**abus** *(m.)*
abuso de confianza	*abus de confiance*
acabar *(v. tr.e intr.)*	**finir** *(v. intr.et tr.)*
acaparar *(v. tr.)*	**accaparer** *(v.tr.)*
acatar *(v. tr.)*	**respecter** *(v. tr.)*
acceder *(v. int.)*	**accéder** *(v.intr.)*

acceder a lo solicitado	acquiescer à une requête
acceder a una petición	accorder une pétition
accesible (a.)	**accessible** (a.)
accesorio (a.)	**accessoire** (a.)
acción (f.)	**action** (f.)
acción a la par	action au pair
acción al portador	action au porteur
acción antigua	action ancienne
~ con derecho a voto	~ donnant droit à voter
acción convertible	action convertible
acción cotizable	action cotée
acción de fundador	action de fondateur
acción en cartera	action en portefeuille
acción endosable	action endossable
acción estampillada	action estampillée
acción gratuita	action gratuite
acción hipotecaria	action hypothécaire
acción liberada	action libérée
acción nominativa	action nominative
acción ordinaria	action ordinaire
acción preferente	action privilégiée
acción primada	action première
acción privilegiada	action privilégiée
~ sin derecho a voto	action sans droit à voter
~ sin valor nominal	~ sans valeur nominale
acciones amortizables	actions amortissables
acciones bancarias	actions bancaires
acciones con prima	actions facultatives
acciones de petróleos	actions en pétrole
acciones eléctricas	actions électriques
acciones emitidas	actions émises

acciones en circulación / *actions en circulation*
acciones industriales / *actions industrielles*
acciones liberadas / *actions libérées*
acciones no emitidas / *actions non émises*
acciones ordinarias / *actions ordinaires*
accionar *(v. tr.e intr.)* / **actionner** *(v. tr.)*
accionariado *(m.)* / **actionnariat** *(m.)*
accionista *(m.)* / **actionnaire** *(m.)*
accionista minoritario / *actionnaire minoritaire*
aceleración *(f.)* / **accélération** *(f.)*
acelerado *(a.)* / **accéléré** *(a.)*
aceptabilidad *(f.)* / **acceptabilité** *(f.)*
aceptable *(a.)* / **acceptable** *(a.)*
aceptación *(f.)* / **acceptation** *(f.)*
aceptación bancaria / *acceptation bancaire*
aceptación comercial / *~ commerciale*
aceptación condicional / *~ conditionnelle*
aceptación de depósito / *acceptation de dépôt*
aceptación de una letra / *~ d'une lettre de change*
aceptación en banco / *acceptation à la banque*
~ expresa y absoluta / *~ expresse et pleine*
aceptación falsa / *acceptation fausse*
aceptación general / *acceptation générale*
aceptación incondicional / *~inconditionnelle*
aceptación limitada / *acceptation limitée*
aceptación parcial / *acceptation partielle*
~ por menor cuantía / *~ pour quantité inférieure*
aceptación posterior / *acceptation postérieure*
aceptada *(a.)* / **acceptée** *(a.)*
aceptante *(m.y f.)* / **acceptant** *(m.)*
aceptar *(v. tr.)* / **accepter** *(v. tr.)*

aceptar a reserva	accepter avec réserve
aceptar un poder	accepter un mandat.
aceptar una letra	~une lettre de change
acepto *(m.)*	**acceptation** *(f.)*
acertado *(a.)*	**opportun** *(a.)*
aclaración *(f.)*	**éclaircissement** *(m.)*
aclarar *(v. tr.)*	**éclaircir** *(v. tr.)*
acomodación *(f.)*	**accommodement** *(m.)*
acomodar *(v. tr.)*	**accommoder** *(v. tr.)*
acomodo *(m.)*	**accommodement** *(m.)*
acompañar *(v. tr.)*	**accompagner** *(v. tr.)*
aconsejar *(v. tr.)*	**conseiller** *(v. tr.)*
acontecimiento *(m.)*	**événement** *(m.)*
acordar *(v. tr.)*	**convenir** *(v. intr.)*
acordar una moratoria	consentir un moratoire
acreditar *(v. tr.)*	**accréditer** *(v. tr.)*
acreditar una cuenta	**abonner** *(v. tr.)*
acreditativo *(a.)*	**accréditif** *(a.)*
acreedor *(a. y m..)*	**créancier** *(m.)*
acreedor común	créancier commun
acreedor con caución	créancier avec caution
acreedor con garantía	créancier avec garanties
acreedor de bancarrota	créancier de banqueroute
acreedor de la masa	créancier de la masse
acreedor del fallido	créancier du failli
acreedor ejecutante	~ qui poursuit son débiteur
acreedor hipotecario	créancier hypothécaire
~ mancomunado	créancier conjoint
acreedor personal	créancier personnel
acreedor pignoraticio	créancier gagiste
acreedor prendario	créancier gagiste

acreedor solidario	*créancier solidaire*
acta *(f.)*	**acte** *(f.et m.)*
acta de cesión	*acte de cession*
acta de comercio	*acte de commerce*
acta de notificación	*acte de signification*
acta de protesto	*acte de protêt*
acta de requerimiento	*acte d'intimation*
acta de venta	*acte de vente*
acta fiduciaria	*acte fiduciaire*
acta literal	*acte littérale*
acta notarial	*acte rédigé par un notaire*
actitud *(f.)*	**attitude** *(f.)*
actividad *(f.)*	**activité** *(f.)*
actividad comercial	*activité commerciale*
actividad económica	*activité économique*
actividad financiera	*activité financière*
actividad inversora	*activité investisseuse*
activo *(m.)*	**actif** *(m.)*
activo aceptable	*actif acceptable*
activo amortizable	*actif amortissable*
activo bruto	*actif brut*
activo circulante	*actif circulant*
activo computable	*actif calculable*
activo congelado	*actif bloqué*
activo consumible	*actif consommable*
activo de caja	*actif courant*
activo de capital	*actif de capital*
activo de explotación	*actif d'exploitation*
activo de la quiebra	*actif de la faillite*
activo diferido	*actif différé*
activo disponible	*actif disponible*

activo en efectivo	actif effectif
activo exigible	actif exigible
activo ficticio	actif fictif
activo fijo	actif fixe
activo gravado	actif grevé
activo hipotecario	actif hypothécaire
activo improductivo	actif improductif
activo inmovilizado	actif immobilisé
activo intangible	actif immatériel
activo líquido	actif liquide
activo neto	actif net
activo neto realizable	actif non réalisable
activo neto relicto	actif patrimonial net
activo no aceptado	actif refusé
activo no acumulado	actif non accumulé
activo no computable	actif non calculable
activo no confirmado	actif non confirmé
activo oculto	actif occulte
activo perecedero	actif périssable
activo realizable	actif réalisable
activo tangible	actif tangible
activo transitorio	actif transitoire
activos financieros	actifs financiers
acto (m.)	**acte** (m.)
acto jurídico	acte juridique
actuación (f.)	**action** (f.)
actual (a.)	**actuel** (a.)
actualizar (v. tr.)	**actualiser** (v. tr.)
actuar (v. intr.)	**agir** (v.intr.)
actuar como	agir comme
actuar de buena fe	procéder de bonne foi

actuar de intermediario	*agir d'intermédiaire*
actuar en calidad de	*agir en qualité de*
~ en representación de	*agir en représentation de*
acudir *(v. intr.reg.)*	**arriver** *(v. intr.)*
acuerdo *(m.)*	**accord** *(m.)*
acuerdo bilateral	*accord bilatéral*
acuerdo extrajudicial	*accord extrajudiciaire*
acuerdo monetario	*accord monétaire*
~por aclamación	*accord par acclamation*
acuerdo por escrito	*accord écrit*
acuerdo por mayoría	*accord à la majorité*
acuerdo por votación	*accord par votation*
acumulación *(f.)*	**accumulation** *(f.)*
~ de acciones	*jonction de causes*
~de intereses	*capitalisation des intérêts*
acumular *(v. tr.)*	**accumuler** *(v. tr.)*
acuñación *(f.)*	**frappe** *(f.)*
acuñar *(v. tr.)*	**frapper** *(v.intr. et tr.)*
acuñar moneda	*battre monnaie*
acuse de recibo	**accusé de réception**
adaptación *(f.)*	**adaptation** *(f.)*
adaptar *(v. tr.)*	**adapter** *(v. tr.)*
adecuar *(v. tr.)*	**adapter** *(v. tr.)*
adelantar *(v. tr.)*	**avancer** *(v. tr.et intr.)*
adelanto *(m.)*	**avance** *(f.)*
adelanto de dinero	*avance d'argent*
~ en cuenta corriente	*avance en compte*
adeudar *(v. tr.)*	**débiter** *(v. tr.)*
adeudar en cuenta	*débiter (v. tr.)*
adeudo *(m.)*	**débit** *(m.)*
adición *(f.)*	**addition** *(f.)*

adicional (a.)	**additionnel** (a.)
adjudicación (f.)	**adjudication** (f.)
~de acciones	adjudication d'actions
adjudicar (v. tr.)	**adjuger** (v. tr.)
adjudicatario (m.)	**adjudicataire** (m.)
adjuntar (v. tr.)	**adjoindre** (v.tr.)
adjunto (a.)	**adjoint** (a.)
administración (f.)	**administration** (f.)
~ de una sociedad	~d'une société
administración legal	administration légale
administración pública	administration publique
administrado (a.)	**administré** (a.)
administrador (m.)	**administrateur** (m.)
~ de un patrimonio	régisseur de domaine
administrador único	administrateur unique
administrar (v. tr.)	**administrer** (v. tr.)
administrativo (a.)	**administratif** (a.)
admisible (a.)	**admissible** (a.)
admisión (f.)	**admission** (f.)
~ a cotización oficial	admission à la côte
admitido (p. p.)	**admis** (a.)
admitir (v. tr.)	**admettre** (v. tr.)
admitir una deuda	admettre une dette
admitir una firma	admettre une signature
adoptar (v. tr.)	**adopter** (v. tr.)
adoptar un acuerdo	adopter un accord
adquirente (s.)	**acquéreur** (s.)
adquirido (a.)	**acquis** (a.)
adquirir (v.tr.)	**acquérir** (v. tr.)
adquirir derechos	acquérir des droits
adquisición (f.)	**acquisition** (f.)

Español - Francés

adquisición de buena fe	*acquisition de bonne foi*
adquisitivo *(a.)*	**acquisitif** *(a.)*
adversario *(m.)*	**adversaire** *(m.)*
advertencia *(f.)*	**avertissement** *(m.)*
afectar *(v. tr.)*	**affecter** *(v. tr.)*
afectar cuentas	*affecter de comptes*
afectar fondos	*affecter de fonds*
afianzado *(p. p.)*	**garanti** *(a.)*
afianzador *(m.)*	**garant** *(a. et s.)*
afianzamiento *(m.)*	**cautionnement** *(m.)*
afianzar *(v. tr.)*	**cautionner** *(v. tr.)*
	garantir *(v. tr.)*
afirmar *(v. tr.)*	**affirmer** *(v. tr.)*
afluencia *(f.)*	**affluence** *(f.)*
afluencia de divisas	*affluence de devises*
afrontar *(v. tr.)*	**affronter** *(v. tr.)*
agencia *(f.)*	**agence** *(f.)*
agencia de cambio	*bureau de change*
agenda *(f.)*	**agenda** *(m.)*
agente *(m. y a.)*	**agent** *(a. et s.)*
~de cambio y bolsa	*agent de change*
agente de comercio	*agent de commerce*
agente de seguros	*agent d'assurances*
agravación *(f.)*	**aggravation** *(f.)*
agravante *(f. y a.)*	**aggravant** *(a. et s.)*
agravar *(v. tr.)*	**aggraver** *(v. tr.)*
agregar *(v. tr.)*	**ajouter** *(v. tr.)*
agresión *(f.)*	**agression** *(f.)*
a mano armada	*à main armée*
agresivo *(a.)*	**agressif** *(a.)*
agresor *(m.)*	**agresseur** *(m.)*

ahorrador (m.)	**économe** (a.et s.)
ahorrar (v. tr.)	**épargner** (v. tr.)
ahorrista (a. y m/ f.)	**économe** (a.et s.)
ahorro (m.)	**épargne** (f.)
ahorro bruto	*épargne brute*
ahorro insuficiente	*épargne insuffisante*
ahorro interior	*épargne interne*
ahorro Nacional	*épargne nationale*
ahorro personal	*épargne personnelle*
ahorros (m. pl.)	**économies** (f. pl.)
ajustado (p. p.)	**ajusté** (a.)
ajustar (v. tr.)	**ajuster** (v. tr.)
ajustar los precios	*convenir un prix*
ajuste (m.)	**réglable** (m.et a.)
ajuste cambiario	*accord de change*
ajuste de inventario	*accord d'inventaire*
ajuste de primas	*accord de prime*
ajuste de renta	*accord de revenu*
ajuste financiero	*accord financier*
al alza	**à la hausse**
al contado	**au comptant**
al día	**à jour**
al precio del día	**au prix du jour**
alarma (f.)	**alarme** (f.)
alcanzable (a.)	**atteignable** (a.)
alcanzar (v. tr.e intr.)	**atteindre** (v. tr.)
alcista (a.)	**haussier** (a.)
alegaciones (f. pl.)	**allégations** (f. pl.)
alegar (v. tr.)	**alléguer** (v. tr.)
alentador (a.)	**encourageant** (a.)
alertar (v. intr.)	**alerter** (v. tr.)

alguno *(a.)*　　　　　　　　**quelque** *(a.)*
aliciente *(m.)*　　　　　　**attrait** *(m.)*
alivio *(m.)*　　　　　　　　**allégement** *(m.)*
allanar *(v. tr.e intr.)*　　**aplanir** *(v. tr.)*
alta *(a.)*　　　　　　　　　**haute** *(a.)*
alta cotización　　　　　　　*haute cote*
altas finanzas　　　　　　　*hautes finances*
alternativa *(f.)*　　　　　**alternative** *(f.)*
alza *(f.)*　　　　　　　　　**hausse** *(f.)*
alza de precios　　　　　　　*hausse des prix*
amable *(a.)*　　　　　　　**aimable** *(a.)*
ambigüedad *(f.)*　　　　　**ambiguïté** *(f.)*
ambiguo *(a.)*　　　　　　　**ambigu** *(a.)*
ámbito *(m.)*　　　　　　　**cadre** *(m.)*
amigable *(a.)*　　　　　　**amiable** *(a.)*
amistoso *(a.)*　　　　　　**amical** *(a.)*
amortizable *(a.)*　　　　**amortissable** *(a.)*
amortización *(f.)*　　　　**amortissement** *(m.)*
~*acelerada*　　　　　　　　　~*accéléré*
~ *compensatoria*　　　　　　~*compensatoire*
~*de deuda*　　　　　　　　　~*d'une dette*
~ *de obligaciones*　　　　　~*d'obligations*
amortización de títulos　　~*de titres*
~ *de un préstamo*　　　　　~*d'un emprunt*
amortización directa　　　　~*direct*
amortización fija　　　　　　~*fixe*
amortización financiera　　~*financier*
amortización indirecta　　　~*indirect*
amortización libre　　　　　*amortissement libre*
amortizar *(v. tr.)*　　　　**amortir** *(v. tr.)*
ampliación *(f.)*　　　　　**agrandissement** *(m.)*
　　　　　　　　　　　　　　　augmentation *(f.)*

	prorogation *(f.)*
ampliación de capital	*augmentation de capital*
ampliación de crédito	*supplément de crédit*
ampliación de hipoteca	*extension de l'hypothèque*
ampliación de mercado	*développement du marché*
ampliación del plazo	*prorogation du terme*
ampliado *(a.)*	**agrandi** *(a.)*
ampliar *(v. tr.)*	**agrandir** *(v.tr.)*
amplio *(a.)*	**ample** *(a.)*
amplitud *(f.)*	**ampleur** *(f.)*
análisis *(m.)*	**analyse** *(f.)*
análisis de balance	*analyse de bilan*
análisis de costes	*analyse des coûts*
análisis de cuentas	*analyse des comptes*
análisis de documentos	*étude de documents*
análisis de inventarios	*analyse d'inventaire*
análisis de inversiones	*analyse d'investissement*
~ de la competencia	*analyse de la concurrence*
análisis de mercado	*étude du marché*
~de vencimientos	*analyse des échéances*
análisis del valor	*analyse de la valeur*
análisis económico	*analyse économique*
análisis estadístico	*étude statistique*
análisis financiero	*analyse financière*
analista *(m. y f.)*	**analyste** *(m.et f.)*
analizar *(v. tr.)*	**analyser** *(v. tr.)*
anexar *(v. tr.)*	**annexer** *(v. tr.)*
anexión *(f.)*	**annexion** *(f.)*
anexo *(m.)*	**annexe** *(m.)*
animación *(f.)*	**animation** *(f.)*
animado *(a.)*	**animé** *(a.)*

anormal *(a.)*	**anormal** *(a)*
anotación *(f.)*	**annotation** *(f.)*
anotación contable	*écriture comptable*
anotación en el debe	*annotation sur le doit*
anotación en el haber	*annotation sur l'avoir*
anotaciones *(f. pl.)*	**annotations** *(f. pl.)*
anotar *(v. tr.)*	**noter** *(v. tr.)*
anotar en el diario	*annoter sur le journal*
anotar en la factura	*annoter sur la facture*
anotar un asiento	*annoter un poste du bilan*
antedata *(f.)*	**antidate** *(f.)*
antedatar *(v. tr.)*	**antidater** *(v. tr.)*
antefirma *(f.)*	**titre du signataire**
antelación *(f.)*	**anticipation** *(f.)*
anterior *(a.)*	**antérieur** *(a.)*
antes del plazo	**avant terme**
anticipación *(f.)*	**anticipation** *(f.)*
anticipadamente *(adv.)*	**préalablement** *(adv.)*
anticipado *(p. p.)*	**anticipé** *(a.)*
anticipar *(v. tr.)*	**anticiper** *(v.tr.et intr.)*
anticipo *(m.)*	**avance** *(f.)*
anticipo de dinero	*avance d'argent*
~sobre exportaciones	*~sur les exportations*
antieconómico *(a.)*	**antiéconomique** *(a.)*
antigüedad *(f.)*	**antiquité** *(f.)*
anti inflacionista *(a.)*	**anti-inflationniste** *(a.)*
antimonopolio *(a.)*	**antimonopole** *(a.)*
anual *(a.)*	**annuel** *(a.)*
anualidad *(f.)*	**annuité** *(f.)*
~ de amortización	*annuité d'amortissement*
~de capitalización	*annuité de capitalisation*

anuario *(m.)*	**annuaire** *(m.)*
anuencia *(f.)*	**assentiment** *(m.)*
anulabilidad *(f.)*	**annulabilité** *(f.)*
anulable *(a.)*	**annulable** *(a.)*
anulación *(f.)*	**annulation** *(f.)*
anulación de un asiento	*~d'un poste du bilan*
anulado *(p. p.)*	**annulé** *(a.)*
anular *(v. tr.)*	**annuler** *(v. tr.)*
anular un contrato	*annuler un contrat*
anular un crédito	*annuler un crédit*
~ una partida contable	*annuler un poste du bilan*
anunciar *(v. tr.)*	**annoncer** *(v. tr.)*
anuncio *(m.)*	**annonce** *(m.)*
añadido *(a.)*	**ajouté** *(a.)*
añadidura *(f.)*	**addition** *(f.)*
añadir *(v. tr.)*	**ajouter** *(v. tr.)*
año *(m.)*	**année** *(f.)*
año civil	*année civile*
año de referencia	*année de référence*
año financiero	*exercice financier*
año fiscal	*exercice fiscale*
año natural	*année calendaire*
apalancamiento *(m.)*	**levage** *(m.)*
aparente *(a.)*	**apparent** *(a.)*
aparte *(adv.)*	**à part** *(adv.)*
apéndice *(m.)*	**appendice** *(m.)*
apertura *(f.)*	**ouverture** *(f.)*
apertura de un mercado	*ouverture d'un marché*
aperturar *(v. tr.)*	**ouvrir** *(v. intr.et tr.)*
aplazado *(p. p.)*	**ajourné** *(a.)*
aplazamiento *(m.)*	**ajournement** *(m.)*

aplazamiento de pago	*sursis de paiement*
aplazar *(v. tr.)*	**ajourner** *(v. tr.)*
aplazar un pago	*reculer un paiement*
aplicabilidad *(f.)*	**applicabilité** *(f.)*
aplicable *(a.)*	**applicable** *(a.)*
aplicación *(f.)*	**application** *(f.)*
aplicar *(v. tr.)*	**appliquer** *(v. tr.)*
apoderado *(a.)*	**mandataire** *(m.)*
apoderar *(v. tr.)*	**déléguer des pouvoirs**
aportación *(f.)*	**apport** *(m.)*
aportación de capital	*apport en capital*
aportar *(v. intr.y tr.)*	**débarquer** *(v. intr.et tr.)*
apostar *(v. tr. irreg.)*	**parier** *(v. intr. et tr.)*
apoyar *(v. tr.)*	**appuyer** *(v. tr.)*
apoyo *(m.)*	**appui** *(m.)*
apreciable *(a.)*	**appréciable** *(a.)*
apreciar *(v. tr.)*	**apprécier** *(v. tr.)*
aprecio *(m.)*	**appréciation** *(f.)*
apremiar *(v. tr.)*	**contraindre** *(v. tr.)*
apremiar el pago	*contraindre à payer*
apremio *(m.)*	**contrainte** *(f.)*
apretar *(v. tr.)*	**presser** *(v. tr.et intr.)*
aprieto *(m.)*	**embarras** *(m.)*
aprobación *(f.)*	**approbation** *(f.)*
aprobado *(a.)*	**approuvé** *(a.)*
aprobar *(v. tr.)*	**approuver** *(v. tr.)*
apropiación *(f.)*	**appropriation** *(f.)*
apropiación indebida	*appropriation indue*
apropiadamente *(adv.)*	**convenablement** *(adv.)*
apropiado *(a.)*	**approprié** *(a.)*
apropiar *(v. tr.)*	**approprier** *(v. tr.)*

aproximación (f.)	**approximation** (f.)
aproximativo (a.)	**approximatif** (a.)
apunte (m.)	**annotation** (f.)
apuro (m.)	**embarras** (m.)
aquiescencia (f.)	**acquiescement** (m.)
arbitraje (m.)	**arbitrage** (m.)
arbitraje de cambio	*arbitrage de change*
arbitraje de divisas	*arbitrage de devises*
arbitraje de valores	*arbitrage de titres*
arbitral (a.)	**arbitral** (a.)
arbitrario (a.)	**arbitraire** (a.)
archivado (p. p.)	**classé** (a.)
archivar (v. tr.)	**classer** (v. tr.)
archivo (m.)	**archive** (m.)
área de libre comercio	**zone de libre échange**
área del dólar	*zone de dollar*
argüir (v. tr.)	**arguer** (v. tr.)
argumentación (f.)	**argumentation** (f.)
argumento (m.)	**argument** (m.)
arma (f.)	**arme** (f.)
arma blanca	*arme blanche*
arma contundente	*arme contondante*
arma de fuego	*arme à feu*
arma peligrosa	*arme dangereuse*
arqueo de caja	**vérification de caisse**
arras (f. pl.)	**arrhes** (f.pl.)
arreglar (v. tr.)	**arranger** (v. tr.)
arreglo (m.)	**accommodement** (m.)
	arrangement (m.)
arriesgado (a.)	**risqué** (a.)
arriesgar (v. tr.)	**risquer** (v. tr.)

arriesgarse *(v. pron.)*	**risquer de** *(v. pron.)*
arruinamiento *(m.)*	**ruine** *(f.)*
arruinar *(v.tr.)*	**ruiner** *(v.tr.)*
articular *(v. tr.)*	**articuler** *(v. tr.)*
artículo *(m.)*	**article** *(m.)*
artificial *(a.)*	**artificiel** *(a.)*
asalariados *(a.)*	**salariés** *(a.)*
asaltar *(v. tr.)*	**assaillir** *(v. tr.)*
asalto *(m.)*	**assaut** *(m.)*
asalto a mano armada	*attaque à main armée*
asamblea *(f.)*	**assemblée** *(f.)*
ascendente *(a.)*	**ascendant** *(a. et m.)*
ascenso *(m.)*	**avancement** *(m.)*
asegurado *(a.)*	**assuré** *(a.)*
asegurador *(m.)*	**assureur** *(m.)*
asegurar *(v. tr.)*	**assurer** *(v. tr.)*
asentar en el diario	**porter sur le journal**
asentimiento *(m.)*	**consentement** *(m.)*
asentir *(v. tr)*	**acquiescer** *(v. intr.)*
asesor jurídico	**conseiller juridique**
asesoramiento *(m.)*	**conseil** *(m.)*
asesorar *(v. tr.)*	**conseiller** *(v. tr.)*
asesoría *(f.)*	**assessorat** *(m.)*
asiento *(m.)*	**poste de bilan**
~complementario	*écriture complémentaire*
asiento contable	*écriture comptable*
asiento de cierre	*écriture de clôture*
asiento de diario	*écriture quotidienne*
asiento de rectificación	*écriture de rectification*
asiento equivocado	*écriture douteuse*
asignable *(a.)*	**assignable** *(a.)*

asignación (f.)	assignation (f.)
asignar (v. tr.)	assigner (v. tr.)
asistir (v. tr.e intr.)	assister (v.intr.)
asociado (m.)	associé (m.)
asociar (v. tr.)	associer (v. tr.)
asumido (p.p.)	assumé (a.)
asumir (v. tr.)	assumer (v. tr.)
asumir la responsabilidad	*assumer la responsabilité*
asunto (m.)	affaire (f.)
atañer (v. intr.)	concerner (v. tr.)
ataque (m.)	attaque (m.)
atención (f.)	attention (f.)
atenuar (v. tr.)	atténuer (v. tr.)
atesoramiento (m.)	thésaurisation (f.)
atonía (f.)	atonie (f.)
átono (a.)	atone (a.)
atracar (v. tr.)	agresser (v. tr.)
atraco (m.)	agression (f.)
atraer (v. tr.irreg.)	attirer (v. tr.)
atraer clientes	*attirer des clients*
atrasado (p. p.)	arriéré (a.)
atrasar (v. tr.)	**être en retard**
atrasos (m. pl.)	arriérés (m. pl.)
atribución (f.)	attribution (f.)
atribuible (a.)	attribuable (a.)
atribuido (p. p.)	attribué (a.)
atribuir (v. tr.)	attribuer (v. tr.)
auditor (m.)	auditeur (m.)
auditoría (f.)	audit (m.)
auge (m.)	expansion (f.)
aumentar (v. tr.e intr.)	augmenter (v.intr.et tr.)

Español - Francés

~ el tipo de interés	~le taux d'intérêt
aumento *(m.)*	augmentation (f.)
	accroissement (m.)
aumento de capital	*augmentation de capital*
aumento de precio	*augmentation de prix*
aumento del riesgo	*augmentation du risque*
autenticación *(f.)*	**authentification** *(f.)*
autenticar *(v. tr.)*	**authentiquer** *(v. tr.)*
autenticidad *(f.)*	**authenticité** *(f.)*
auténtico *(a.)*	**authentique** *(a.)*
autentificar *(v. tr.)*	**authentifier** *(v. tr.)*
autobanco *(m.)*	**auto-banque** *(f.)*
autonomía *(f.)*	**autonomie** *(f.)*
autorización *(f.)*	**autorisation** *(f.)*
autorizado *(p. p.)*	**autorisé** *(a.)*
autorizar *(v. tr.)*	**autoriser** *(v.tr.)*
aval *(m.)*	**aval** *(m.)*
avalado *(p. p.)*	**avalisé** *(a.)*
avalar *(v. tr.)*	**avaliser** *(v. tr.)*
avalista *(m. y f.)*	**avaliste** *(m. et f.)*
avalúo *(m.)*	**estimation** *(f.)*
avance *(m.)*	**progression** *(f.)*
avenencia *(f.)*	**accord** *(m.)*
aventurado *(a.)*	**risqué** *(a.)*
aventurar *(v. tr.)*	**risquer** *(v. tr.)*
averiguar *(v. tr.e intr.)*	**rechercher** *(v. tr.)*
avisar *(v. tr.)*	**annoncer** *(v. tr.)*
aviso *(m.)*	**avis** *(m.)*
aviso de abono	*avis de crédit*
aviso de cobro	*avis d'encaissement*
aviso de crédito	*avis de crédit*

aviso de protesto   *notification de protêt*
ayuda *(f.)*   **aide** *(f.)*
ayudar *(v. tr.)*   **aider** *(v. tr.)*

baja

Español	Francés
baja *(f.)*	**baisse** *(f.)*
baja cotización	*baisse cotation*
baja de los precios	*chute des prix*
~en los tipos de interés	*baisse du taux d'intérêts*
bajar *(v. intr.y tr.)*	**baisser** *(v. tr.et intr.)*
bajar el tipo de interés	*baisser le taux d'intérêt*
bajar los costes	*baisser les coûts*
bajista *(m.)*	**baissier** *(m.)*
bajo par	**sous pair**
balance *(m.)*	**bilan** *(m.)*
balance anual	*bilan annuel*
balance comercial	*bilan commercial*
balance consolidado	*bilan consolidé*
balance de apertura	*bilan d'ouverture*
~de compensación	*bilan de compensation*
~de comprobación	*bilan de vérification*
balance de inventario	*bilan d'inventaire*
balance de liquidación	*bilan de liquidation*
balance de resultados	*bilan des résultats*
balance de saldos	*bilan de vérification*
balance de situación	*bilan de situation*
balance de sumas	*bilan de vérification*
balance de títulos	*bilan des titres*
balance estimado	*bilan estimé*
balance falseado	*bilan falsifié*
balance general	*bilan général*
balance provisional	*bilan provisoire*

banca (f.) | **banque** (f.)
banca central | *banque centrale*
banca con sucursales | *~avec des succursales*
banca delegada | *banque déléguée*
banca oficial | *banque officielle*
banca privada | *banque privée*
bancario (a.) | **bancaire** (a.)
bancarrota (f.) | **banqueroute** (f.)
banco (m.) | **banque** (f.)
banco aceptante | *banque acceptante*
banco agente | *banque agent*
banco asegurador | *banque d'assurances*
banco avisador | *banque notificatrice*
banco central | *banque centrale*
banco codirector | *banque codirectrice*
banco comercial | *banque commerciale*
banco confirmador | *banque confirmative*
banco corresponsal | *banque correspondante*
banco de comercio | *banque de commerce*
banco de crédito | *banque de crédit*
banco de depósito | *banque de dépôts*
banco de España | *banque d'Espagne*
banco del Estado | *banque nationale*
banco director | *banque directrice*
banco emisor | *banque d'émission*
banco extranjero | *banque étrangère*
banco industrial | *banque industrielle*
banco librador | *banque tireuse*
banco mundial | *banque mondiale*
banco nacional | *banque nationale*
banco oficial | *banque officielle*

banco participante	*banque participante*
banda de fluctuación	*bande d'oscillation*
bandas de oscilación	*bandes d'oscillation*
banquero *(m.)*	**banquier** *(m.)*
barato *(a.)*	**bon marché** *(a.)*
basar *(v. tr.)*	**baser** *(v. tr.)*
básico *(a.)*	**basique** *(a.)*
bastante *(a.)*	**suffisant** *(a.)*
bastantear *(v.intr.y tr.)*	**valider** *(v. tr.)*
bastanteo *(m.)*	**validation** *(f.)*
beneficiar *(v. tr.)*	**bénéficier** *(v. tr.)*
beneficiario *(a. y m.)*	**bénéficiaire** *(m. et a.)*
~*de un cheque*	*bénéficiaire d'un chèque*
~ *de una transferencia*	*bénéficiaire d'un virement*
beneficio *(m.)*	**bénéfice** *(m.)*
beneficio a corto plazo	*bénéfice à court terme*
beneficio bruto	*bénéfice brut*
beneficio contable	*bénéfice comptable*
beneficio de explotación	*bénéfice d'exploitation*
beneficio de inventario	*bénéfice d'inventaire*
beneficio de la empresa	*bénéfice de l'entreprise*
beneficio empresarial	*bénéfice patronal*
beneficio en libros	*bénéfice des registres*
beneficio extraordinario	*bénéfice extraordinaire*
~*libre de impuestos*	*bénéfice exonéré d'impôt*
beneficio neto	*bénéfice net*
beneficio social	*bénéfice social*
beneficios económicos	*bénéfices économiques*
beneficios netos	*bénéfices nets*
~*no distribuidos*	*bénéfices non distribués*
beneficios retenidos	*bénéfices retenus*

beneficioso *(a.)*	**avantageux** *(a.)*
beneplácito *(m.)*	**agrément** *(m.)*
benevolencia *(f.)*	**bienveillance** *(f.)*
benévolo *(a.)*	**bienveillant** *(a.)*
bianual *(a.)*	**bisannuel** *(a.)*
bien *(m.)*	**bien** *(m.)*
bien de consumo	*bien de consommation*
~de primera necesidad	*~de première nécessité*
bien de producción	*bien de production*
bienes *(m. pl.)*	**biens** *(m. pl.)*
bienes económicos	*biens économiques*
bienes industriales	*biens industriels*
bienes inmuebles	*biens immeubles*
bienes raíces	*biens - fonds*
bienestar *(m.)*	**bien-être** *(m.)*
billete *(m.)*	**billet** *(m.)*
billete de banco	*billet de banque*
~de banco nacional	*billet de banque nationale*
billete extranjero	*billet étranger*
billete falso	*faux billet*
bloquear *(v. tr.)*	**bloquer** *(v. tr.)*
bloquear un cheque	*bloquer un chèque*
bloqueo *(m.)*	**blocage** *(m.)*
bloqueo económico	*blocage économique*
boicot *(m.)*	**boycott** *(m.)*
boicotear *(v. tr.)*	**boycotter** *(v. tr.)*
boletín de bolsa	**bulletin boursier**
boletín de cambios	*bulletin de changes*
boletín de cotizaciones	*bulletin de cours*
bolsa *(f.)*	**bourse** *(f.)*
bolsa de cereales	*bourse des céréales*

bolsa de contratación	*bourse d'embauche*
bolsa de Nueva York	*bourse de New York*
bolsa de valores	*bourse de valeurs*
Bolsín *(m.)*	**Coulisse** *(f.)*
bolsista *(m.)*	**boursier** *(m.)*
bonificación *(f.)*	**bonification** *(f.)*
bonificar *(v. tr.)*	**bonifier** *(v. tr.)*
bono *(m.)*	**bon** *(a. et m.)*
bono a perpetuidad	*bon à perpétuité*
bono al portador	*bon au porteur*
bono con garantía	*bon sous garantie*
bono corriente	*bon courant*
bono de ahorro	*bon d'épargne*
bono de caja	*bon de caisse*
bono de Tesorería	*bon de Trésorerie*
bono del Tesoro	*bon du Trésor*
bono en dólares	*bon en dollar*
bono garantizado	*bon sous garantie*
bono hipotecario	*bon hypothécaire*
bono nominativo	*bon nominatif*
bono ordinario	*bon ordinaire*
bono perpetuo	*bon perpétuel*
bono público	*bon publique*
bono renovado	*bon renouvelé*
bono sin vencimiento	*bon perpétuel*
bonos basura	*bons ordures*
bonos cancelados	**bons annulés**
bonos convertibles	*bonds convertibles*
bonos de descuento	*bons de réduction*
bonos en circulación	*bons en circulation*
bonos extranjeros	*bonds extérieurs*

bonos no negociables	*bons non négociables*
bonos oro	*bons or*
boom *(m.)*	**boom** *(m.)*
boom de inversiones	*boom d'investissements*
borrado *(a.)*	**effacé** *(a.)*
borrador *(m.)*	**brouillon** *(m.)*
borrar *(v. tr.)*	**effacer** *(v.tr.)*
broker *(m.)*	**broker** *(m.)*
buena *(a.)*	**bonne** *(a.)*
bueno *(a.)*	**bon** *(a. et m.)*
bursátil *(a.)*	**boursier** *(m.)*
buscar *(v. tr.)*	**chercher** *(v. tr.et intr.)*

caballero

Español	*Francés*
caballero *(m.)*	**chevalier** *(m.)*
caducado *(a.)*	**déchu** *(a.)*
	périmé *(a.)*
caducar *(v. intr.)*	**périmer** *(v. intr.et tr.)*
caducidad *(f.)*	**caducité** *(f.)*
caída *(f.)*	**chute** *(f.)*
caída de la demanda	*chute de la demande*
caída de la libra	*chute de la livre*
caída de los precios	*chute des prix*
caída de una moneda	*chute d'une monnaie*
caída del franco	*chute du franc*
caja *(f.)*	**caisse** *(f.)*
caja de ahorros	*caisse d'épargne*
caja de alquiler	*coffre-fort*
caja de caudales	*coffre-fort*
caja de compensación	*caisse de compensation*
caja de gastos menores	*petite caisse*
caja de seguridad	*coffre-fort*
caja fuerte	*coffre-fort*
caja nocturna	*boîte de nuit*
caja y bancos	*caisse et banques*
cajero *(m.)*	**caissier** *(m.)*
cajero automático	*caisse automatique*
~de pagos y cobros	*caissier (m.)*
calculador *(a.)*	**calculateur** *(a.)*
calculadora *(f.)*	**calculatrice** *(f.)*
calcular *(v. tr.)*	**calculer** *(v. tr.et intr.)*

cálculo *(m.)*	**calcul** *(m.)*
cálculo de costes	*calcul de coûts*
cálculo de errores	*calcul d'erreurs*
~de probabilidades	*calcul de probabilités*
calendario *(m.)*	**calendrier** *(m.)*
calificar *(v. tr.)*	**qualifier** *(v. tr.)*
calle *(f.)*	**rue** *(f.)*
cámara *(f.)*	**chambre** *(f.)*
~de compensación	*~de compensation*
cámara acorazada	*chambre forte*
cambiable *(a.)*	**échangeable** *(a.)*
cambiar *(v. tr.)*	**changer** *(v. intr.et tr.)*
cambiar de orientación	*changer d'orientation*
cambiar dinero	*changer de l'argent*
	changement *(m.)*
cambio *(m.)*	change *(m.)*
	échange *(m.)*
cambio a la par	*change au pair*
cambio a la vista	*changement à vue*
cambio comprador	*cours d´achat*
cambio de actitud	*change d'attitude*
cambio de compra	*change d'achat*
cambio de divisa	*cours de devises*
cambio de domicilio	*changement de domicile*
cambio de fecha	*changement de date*
cambio de la coyuntura	*change de conjoncture*
cambio de liquidación	*change de liquidation*
cambio de moneda	*change de monnaie*
cambio de postura	*changement de position*
cambio de rescate	*change de rachat*
cambio de tendencia	*changement de tendance*

cambio de venta	*change de vente*
cambio del dólar	*change du dollar*
cambio del riesgo	*change du risque*
cambio fijo	*change à taux fixe*
cambio flotante	*change flottant*
cambio oficial	*cours officiel*
cambio vendedor	*cours de vente*
cambios radicales	*changements radicaux*
cambista *(m. y f.)*	**cambiste** *(m.et f.)*
campaña *(f.)*	**campagne** *(f.)*
campaña alcista	*campagne à la hausse*
campaña bajista	*campagne à la baisse*
canalización *(f.)*	**canalisation** *(f.)*
canalizar *(v. tr.)*	**canaliser** *(v. tr.)*
cancelable *(a.)*	**annulable** *(a.)*
cancelación *(f.)*	**annulation** *(f.)*
cancelación de deuda	*annulation de dette*
~de un contrato	*annulation d'un contrat*
cancelar *(v. tr.)*	**annuler** *(v. tr.)*
cancelar un crédito	*annuler un crédit*
cancelar una deuda	*régler une dette*
~una partida	*~ une partie comptable*
canje *(m.)*	**échange** *(m.)*
canjear *(v. tr.)*	**échanger** *(v.tr.)*
canon *(m.)*	**canon** *(m.)*
cantidad *(f.)*	**quantité** *(f.)*
cantidad adicional	*quantité additionnelle*
cantidad aproximada	*quantité approximative*
cantidad fija	*quantité fixe*
cantidad líquida	*somme liquide*
cantidad máxima	*quantité maximum*

cantidad media	quantité moyenne
cantidad mínima	quantité minimum
capacidad (f.)	**capacité** (f.)
capacidad financiera	capacité financière
capacitado (a.)	**capable** (a.)
capaz (a.)	**capable** (a.)
capital (m.)	**capital** (m.)
capital a corto plazo	capital à court terme
capital a largo plazo	capital à long terme
capital amortizado	capital amorti
capital aportado	capital apporté
capital autorizado	capital autorisé
capital circulante	capital circulant
capital circulante bruto	capital circulant brut
capital circulante neto	capital circulant net
capital de explotación	capital d'exploitation
~de funcionamiento	capital de fonctionnement
capital de inversión	capital d'investissement
capital de reserva	capital de réserves
capital de riesgo	capital - risque
capital declarado	capital déclaré
capital desembolsado	capital libéré
capital dinerario	capital monnayé
capital disponible	capital disponible
capital e intereses	intérêts et capital
capital emitido	capital émis
capital en riesgo	capital à risque
capital escriturado	capital établi nominal
capital estatutario	capital statutaire
capital fijo	capital fixe
capital fundacional	capital fondationnel

capital humano	*capital humain*
capital improductivo	*capital oisif*
capital inactivo	*capital inactif*
capital inicial	*capital initial*
capital inmovilizado	*capital immobilisé*
capital inscrito	*capital inscrit*
capital integrado	*capital intégré*
capital invertido	*capital investi*
capital liberado	*capital libéré*
capital líquido	*capital liquide*
capital lucrativo	*capital lucratif*
capital mobiliario	*capital mobilier*
capital muerto	*capital mort*
capital neto	*capital net*
capital nominal	*capital nominal*
capital ocioso	*capital oisif*
capital pasivo	*capital passif*
capital privado	*capital privé*
capital productivo	*capital productif*
capital propio	*capital propre*
capital reinvertido	*capital réinvesti*
capital social	*capital social*
capital suscrito	*capital souscrit*
capitalismo *(m.)*	**capitalisme** *(m.)*
capitalista *(m.y f.)*	**capitaliste** *(m. et f.)*
capitalización *(f.)*	**capitalisation** *(f.)*
~ *de los intereses*	*capitalisation des intérêts*
~*de una renta*	*capitalisation d´une rente*
capitalizado *(a.)*	**capitalisé** *(a.)*
capitalizar *(v. tr.)*	**capitaliser** *(v. tr.et intr.)*
captación *(f.)*	**captation** *(f.)*

carencia (f.)	**carence** (f.)
carestía (f.)	**pénurie** (f.)
carga (f.)	**charge** (f.)
carga de financiación	*charge de financement*
carga fiscal	*charge fiscale*
carga tributaria	*charge fiscale*
cargar (v. tr.)	**charger** (v. tr.et intr.)
cargar en cuenta	*débiter en compte*
cargar intereses	*débiter des intérêts*
cargas (f. pl.)	**charges** (f.pl.)
cargas deducibles	*charges déductibles*
cargas fijas	*charges fixes*
cargas financieras	*charges financières*
cargo (m.)	**débit** (m.)
cargo bancario	*débit bancaire*
carné (m.)	**carnet** (m.)
caro (a.)	**cher** (a.)
carta (f.)	**lettre** (f.)
carta certificada	*lettre recommandée*
carta circular	*lettre circulaire*
carta comercial	*lettre commerciale*
carta de crédito	**lettre de crédit**
~a la vista	*~à vue*
~comercial	*~commercial*
~confirmada	*~confirmée*
~documentaria	*~documentaire*
~general	*~général*
~irrevocable	*~irrévocable*
~no confirmada	*~non confirmé*
~renovable	*~renouvelable*
~revocable	*lettre de crédit révocable*

carta de depósito	lettre de dépôt
carta de embarque	carte d'embarquement
carta de garantía	lettre de garantie
carta de identidad	carte d'identité
carta de pago	quittance
carta de reclamación	lettre de réclamation
cartera (f.)	**portefeuille** (m.)
cartera de pedidos	carnet de commandes
cartera de valores	portefeuille de valeurs
cartilla (f.)	**livret** (m.)
cartilla de ahorros	livret (m.)
casa de cambio	**bureau de change**
casa de la moneda	**hôtel de la monnaie**
caso (m.)	**cas** (m.)
castigar (v. tr.)	**punir** (v. tr.)
casual (a.)	**casuel** (a.)
casualidad (f.)	**causalité** (f.)
catálogo (m.)	**catalogue** (m.)
categórico (a.)	**catégorique** (a.)
caución (f.)	**caution** (f.)
caución absoluta	garantie intégrale
caucionar (v. tr.)	**cautionner** (v. tr.)
caudal (m.)	**fortune** (f.)
caudales públicos	**deniers publics**
causa (f.)	**cause** (f.)
causar (v. tr.)	**causer** (v.int.et tr.)
cauto (a.)	**prudent** (a.)
ceca (f.)	**hôtel de la monnaie**
cedente (p. a.y s.)	**cédant** (a. et s.)
ceder (v. tr. e int.)	**céder** (v. tr.et intr.)
cedido (p. p. ceder)	**cédé** (a.)

cédula de identidad	**carte d'identité**
cédula de notificación	*acte de notification*
cédula del Tesoro	*certificat du Trésor*
celebrar (v. tr.e intr.)	**célébrer** (v. tr.)
censor de cuentas	commissaire aux comptes
censor jurado de cuentas	
cerrar (v. tr.irreg.)	**fermer** (v. tr.et intr.)
cerrar una cuenta	*fermer un compte*
certidumbre (f.)	**certitude** (f.)
certificación (f.)	**certification** (f.)
certificado (m.)	**certificat** (m.)
certificado de aduana	*certificat de douanes*
certificado de depósitos	*certificat de dépôt*
certificado de descarga	*~de déchargement*
certificado de despacho	*certificat d'expédition*
certificado de origen	*certificat d'origine*
certificado de peso	*certificat de poids*
certificado de seguro	*certificat d'assurance*
certificar (v. tr.)	**certifier** (v.tr.)
cesar (v. intr.)	**cesser** (v. intr.)
cesión (f.)	**cession** (f.)
cesión de acciones	*cession d'actions*
cesión de bienes	*cession de biens*
cesión de créditos	*cession de créances*
cesión de derechos	*cession de droits*
cesión de deudas	*cession de dettes*
cesión del riesgo	*cession du risque*
cesionario (a. y m.)	**cessionnaire** (a. et m.)
cíclicamente (adv.)	**cycliquement** (adv.)
cíclico (a.)	**cyclique** (a.)
ciclo (m.)	**cycle** (m.)

ciclo económico	*cycle économique*
cierre *(m.)*	**clôture** *(f.)*
cierre de cuenta	*clôture des comptes*
cierre de ejercicio	*clôture des comptes*
cierre de los libros	*clôture des livres*
cierre de un balance	*clôture d'un bilan*
cierto *(a.)*	**certain** *(a.)*
cifra *(f.)*	**chiffre** *(m.)*
cifra de negocios	*chiffre d'affaires*
cifrado *(a. y p. p.)*	**chiffré** *(a.)*
cifrar *(v. tr.)*	**chiffrer** *(v. intr.et tr.)*
circulación *(f.)*	**circulation** *(f.)*
circulación de dinero	*circulation d'argent*
circulación de efectivo	*circulation d'effectif*
circulación económica	*circulation économique*
circulación fiduciaria	*circulation fiduciaire*
circulación monetaria	*circulation monétaire*
circulante *(a.)*	**circulant** *(a.)*
circular *(v. intr.y tr.)*	**circuler** *(v. intr.)*
círculo *(m.)*	**cercle** *(m.)*
círculos bancarios	*cercles bancaires*
círculos económicos	*cercles économiques*
circunstancia *(f.)*	**circonstance** *(f.)*
cita *(f.)*	**rendez - vous** *(m.)*
ciudad *(f.)*	**ville** *(f.)*
cívico *(a.)*	**civique** *(a.)*
civil *(a.)*	**civil** *(a.)*
clarificar *(v. tr.)*	**clarifier** *(v. tr.)*
clasificar *(v. tr.)*	**classifier** *(v. tr.)*
cláusula *(f.)*	**clause** *(f.)*
cláusula adicional	*clause additionnelle*

~de penalización	clause de pénalisation
cláusula de valuta	clause monétaire
cláusula monetaria	clause monétaire
clave (f.)	**clef** (f.)
clave telegráfica	chiffre télégraphique
clemencia (f.)	**clémence** (f.)
cliente (m.)	**client** (m.)
cliente extranjero	client étranger
cliente habitual	client habituel
clientela (f.)	**clientèle** (f.)
cobertura (f.)	**couverture** (f.)
cobertura bancaria	couverture bancaire
cobertura de cambio	couverture de change
cobrable (a.)	**percevable** (a.)
cobrado (a.)	**encaissé** (a.)
cobrador (m.)	**receveur** (m.)
cobranza (f.)	**recouvrement** (m.)
cobrar (v. tr.)	**toucher** (v. intr. et tr.)
cobrar de más	encaisser en trop
cobrar un cheque	toucher un chèque
cobrar una letra	~une lettre de change
cobro (m.)	**encaissement** (m.)
cobro de cheques	recouvrement de chèques
codificación (f.)	**codification** (f.)
coeficiente (m.)	**coefficient** (m.)
coeficiente bancario	coefficient bancaire
coherencia (f.)	**cohérence** (f.)
coherente (a.)	**cohérent** (a.)
coincidente (a.)	**coïncident** (a.)
coincidir (v. intr.)	**coïncider** (v. intr.)
colaboración (f.)	**collaboration** (f.)

colaborador (m.)	**collaborateur** (m.)
colocación de capital	**placement de capital**
colocar (v. tr.)	**placer** (v. tr.)
colusión (f.)	**collusion** (f.)
colusor (m.)	**complice** (m. et f.)
colusorio (a.)	**collusoire** (a.)
comandita (f.)	**commandite** (f.)
comanditario (a.)	**commanditaire** (a.)
combatir (v. intr.)	**combattre** (v. intr.et tr.)
combativo (a.)	**combatif** (a.)
comentario (m.)	**commentaire** (m.)
comenzar ((v. tr.)	**commencer** (v.tr. et intr.)
comercial (a.)	**commercial** (a.)
comercialización (f.)	**commercialisation** (f.)
comercializar (v. tr.)	**commercialiser** (v. tr.)
comerciante (m. y f.)	**commerçant** (m.)
~al por mayor	commerçant en gros
~al por menor	commerçant au détail
~de divisas	commerçant de devises
~de importación	~d'importation
comerciante exportador	commerçant d'exportation
comerciante individual	commerçant individuel
comerciar (v. intr.)	**commercer** (v. intr.)
comercio (m.)	**commerce** (m.)
comercio interior	commerce intérieur
comercio internacional	commerce international
comercio liberalizado	commerce libéralisé
comercio nacional	commerce national
cometer (v. tr.)	**commettre** (v. tr.)
cometer fraude	commettre une fraude
cometer un error	commettre une erreur

comienzo *(m.)*	**commencement** *(m.)*
comisión *(f.)*	**commission** *(f.)*
comisión bancaria	*commission bancaire*
comisión de apertura	*commission d'ouverture*
comisión de cobro	*~d'encaissement*
comisión de corretaje	*commission de courtage*
comisión de emisión	*commission d'émission*
comisión de pago	*commission de paiement*
~de pago diferido	*~ de paiement différé*
~de participación	*~de participation*
comisión económica	*commission économique*
comisionado *(a. y m.)*	**commissionné** *(a.et m.)*
comisionar *(v. tr.)*	**commissionner** *(v. tr.)*
comisiones bancarias	**commissions bancaires**
comisionista *(m. y f.)*	**commissionnaire** *(m.)*
comité *(m.)*	**comité** *(m.)*
comité consultivo	*comité consultatif*
comité de acreedores	*comité de créditeurs*
comité ejecutivo	*comité exécutif*
comitente *(m. y f.)*	**commettant** *(m.)*
compañía *(f.)*	**compagnie** *(f.)*
compañía anónima	*société anonyme*
comparación *(f.)*	**comparaison** *(f.)*
comparado *(a.)*	**comparé** *(a.)*
comparar *(v. tr.)*	**comparer** *(v. tr.)*
comparativo *(a.)*	**comparatif** *(a.)*
comparecer *(v. tr.)*	**comparaître** *(v.intr.)*
compatibilidad *(f.)*	**compatibilité** *(f.)*
compatible *(a.)*	**compatible** *(a.)*
compensación *(f.)*	**compensation** *(f.)*
~bancaria	*compensation bancaire*

compensado *(a.)*	**compensé** *(a.)*
compensar *(v. tr.)*	**compenser** *(v. tr.)*
compensatorio *(a.)*	**compensatoire** *(a.)*
competencia *(f.)*	**concurrence** *(f.)*
competencia desleal	*concurrence déloyale*
competente *(a.)*	**compétent** *(a.)*
competidor *(m.)*	**compétiteur** *(m.)*
competitivo *(a.)*	**compétitif** *(a.)*
complacer *(v. tr.)*	**complaire** *(v. intr.)*
complaciente *(a.)*	**complaisant** *(a.)*
complementario *(a.)*	**complémentaire** *(a.)*
completo *(a.)*	**complet** *(a.)*
complicar *(v.tr.)*	**compliquer** *(v.tr.)*
cómplice *(m. y f.)*	**complice** *(m. et f.)*
cómplice encubridor	*complice receleur*
cómplice instigador	*complice instigateur*
complicidad *(f.)*	**complicité** *(f.)*
componer *(v. tr.)*	**arranger** *(v. tr.)*
comportamiento *(m.)*	**comportement** *(m.)*
comportar (v.tr.e intr.)	**comporter** *(v. tr.)*
compra *(f.)*	**achat** *(m.)*
compra a plazos	*achat à terme*
compra al contado	*achat au comptant*
compra de divisas	*achat de devises*
compra ventajosa	*achat avantageux*
comprador *(m.)*	**acheteur** *(m.)*
comprador a plazo	*acheteur à terme*
comprador extranjero	*acheteur étranger*
comprador nacional	*acheteur national*
comprar *(v. tr.)*	**acheter** *(v. tr.)*
comprar a crédito	*acheter à crédit*

comprar a plazos	acheter à terme
comprar al contado	acheter au comptant
comprar barato	acheter bon marché
comprar caro	acheter à un prix élevé
comprar en firme	acheter ferme
compraventa	**contrat d´achat et de vente**
comprobación (f.)	**vérification** (f.)
comprobante (m.)	**ticket** (m.)
comprobar (v. tr.)	**vérifier** (v. tr.)
compromiso (m.)	**engagement** (m.)
compulsar (v. tr.)	**compulser** (v. tr.)
computador (m.)	
computadora (f.)	**ordinateur** (m.)
computar (v. tr.)	**computer** (v. tr.)
cómputo (m.)	**comput** (m.)
común (a.)	**commun** (a.)
comunicación (f.)	**communication** (f.)
	notification (f.)
comunicación de cobro	notification d'encaissement
comunicación de pago	notification de paiement
comunicar (v. tr.)	**communiquer** (v.tr.et intr)
conceder (v. tr.)	**concéder** (v. tr.)
conceder un crédito	accorder un crédit
conceder un descuento	concéder un escompte
conceder un préstamo	consentir un prêt
conceder una prórroga	concéder une prorogation
concedido (a.)	**accordé** (a.)
concepción (f.)	**conception** (f.)
concepto (m.)	**concept** (m.)
concerniente (p. a.)	**concernant** (a.)
concernir (v. intr.)	**concerner** (v. tr.)

concertado *(p. p.)*	**concerté** *(a.)*
concertar *(v.irreg.)*	**concerter** *(v.t et intr.)*
concesión *(f.)*	**concession** *(f.)*
concesión de un crédito	*concession d'un crédit*
concesionario *(m.)*	**concessionnaire** *(m.)*
concierto económico	**convention économique**
conciliación de bancos	**conciliation de banques**
conciliación de cuentas	*rapprochement de comptes*
concluir *(v. tr.)*	**conclure** *(v. tr.)*
conclusión *(f.)*	**conclusion** *(f.)*
concordia *(f.)*	**concorde** *(f.)*
concurrencia *(f.)*	**concurrence** *(f.)*
condición *(f.)*	**condition** *(f.)*
condicionado *(a.)*	**conditionné** *(a.)*
condicional *(a.)*	**conditionnel** *(a.)*
condiciones *(f. pl.)*	**conditions** *(f.pl.)*
~de aceptación	conditions d'acceptation
~de la póliza	conditions de la police
~de pago	conditions de paiement
~de seguro	conditions d'assurance
~de un préstamo	conditions d'un prêt
condonación *(f.)*	**remise d´une dette**
condonar *(v. tr.)*	**pardonner** *(v. tr.)*
conducta *(f.)*	**conduite** *(f.)*
conectar *(v. tr.)*	**connecter** *(v. tr.)*
conferencia *(f.)*	**conférence** *(f.)*
conferenciante *(m.)*	**conférencier** *(m.)*
conferir *(v. tr.e intr.)*	**conférer** *(v. intr.et tr.)*
confiado *(a.)*	**confiant** *(a.)*
confianza *(f.)*	**confiance** *(f.)*
confiar *(v. intr.y tr.)*	avoir confiance

	confier *(v. tr.)*
confidencial *(a.)*	**confidentiel** *(a.)*
confirmación *(f.)*	**confirmation** *(f.)*
confirmado *(a.)*	**confirmé** *(a.)*
confirmar *(v. tr.)*	**confirmer** *(v. tr.)*
confirmatorio *(a.)*	**confirmatoire** *(a.)*
conflicto *(m.)*	**conflit** *(m.)*
conflicto laboral	*conflit social*
conformar (v.tr.e intr.)	**conformer** *(v. tr.)*
conforme *(a.)*	**conforme** *(a.)*
conformidad *(f.)*	**conformité** *(f.)*
confrontación *(f.)*	**confrontation** *(f.)*
congelación *(f.)*	**congélation** *(f.)*
~de cambios	*congélation des changes*
congelado *(a.)*	**congelé** *(a.)*
congelar *(v. tr.)*	**congeler** *(v. tr.)*
conjuntamente *(adv.)*	**conjointement** *(adv.)*
conocedor *(a. y m.)*	**connaisseur** *(m. et a.)*
conocer *(v. tr.)*	**connaître** *(v. tr.)*
conocimiento *(m.)*	**connaissance** *(f.)*
~de embarque	*connaissement maritime*
conquista *(f.)*	**conquête** *(f.)*
conquistar *(v. tr.)*	**conquérir** *(v. tr.)*
consecuencia *(f.)*	**conséquence** *(f.)*
consecuente *(a.)*	**conséquent** *(a.)*
consecuentemente	**conséquemment** *(adv.)*
conseguir *(v. tr.)*	**obtenir** *(v. tr.)*
conseguir crédito	*obtenir un crédit*
conseguir un crédito	*obtenir un crédit*
conseguir un préstamo	*obtenir un prêt*
consejero *(m.)*	**conseiller** *(m.)*

consenso (m.)	**consentement** (m.)
consentimiento (m.)	**consentement** (m.)
consentimiento paterno	*consentement paternel*
consentir (v. tr.)	**consentir** (v. tr.et intr.)
conservador (a. y m.)	**conservateur** (a. et m.)
conservar (v. tr.)	**conserver** (v. tr.)
considerable (a.)	**considérable** (a.)
consideración (f.)	**considération** (f.)
considerar (v. tr.)	**considérer** (v. tr.)
consistencia (f.)	**consistance** (f.)
consolidación (f.)	**consolidation** (f.)
~de balances	*consolidation de bilans*
~de una deuda	*consolidation d'une dette*
consolidado (p. p.)	**consolidé** (a.)
consolidar (v. tr.)	**consolider** (v. tr.)
consorcio (m.)	**consortium** (m.)
consorcio de bancos	*consortium bancaire*
~de financiación	*~de financement*
constante (a.)	**constant** (a.et s.)
constar (v. tr.)	**figurer** (v. intr.et tr.)
constatación (f.)	**constatation** (f.)
constituido (a.,p. p.)	**constitué** (a.)
constituir (v. tr.)	**constituer** (v. tr.)
constituir un depósito	*constituer un dépôt*
constituir una hipoteca	*~une hypothèque*
constituir una sociedad	*constituer une société*
constitutivo (a.)	**constitutif** (a.)
consulta (f.)	**consultation** (f.)
consultar (v. tr.)	**consulter** (v. intr.et tr.)
consultivo (a.)	**consultatif** (a.)
consultor (m.)	**consultant** (m.)

consumidor (m.)	**consommateur** (m.)
consumo (m.)	**consommation** (f.)
consumo privado	*consommation privée*
contabilidad (f.)	**comptabilité** (f.)
contabilidad financiera	*comptabilité financière*
contabilización (f.)	**comptabilisation** (f.)
contabilizar (v. tr.)	**comptabiliser** (v.tr.)
contable (m. y f.)	**comptable** (m. et f.)
contado (a.)	**comptant** (a.)
contaduría (f.)	**comptabilité** (f.)
contar (v. tr.)	**compter** (v. intr.et tr.)
contención (f.)	**contention** (f.)
contestación (f.)	**réponse** (f.)
contingente (m.)	**contingent** (m.)
contingente de divisas	*contingent de devises*
continuación (f.)	**continuation** (f.)
continuado (a.)	**continu** (a.)
continuar (v. tr. e intr.)	**continuer** (v. intr.et tr.)
continuidad (f.)	**continuité** (f.)
continuo (a.)	**continu** (a.)
contracción (f.)	**contraction** (f.)
contractual (a.)	**contractuel** (a.)
contradecir (v. tr.)	**contredire** (v. tr.)
contradicción (f.)	**contradiction** (f.)
contradictorio (a.)	**contradictoire** (a.)
contraer (v. tr.)	**contracter** (v. tr.)
contraer deudas	*contracter des dettes*
contraer obligaciones	*contracter des obligations*
contraoferta (f.)	**contre-offre** (f.)
contraorden (f.)	**contre-ordre** (f.)
contrapartida (f.)	**contrepartie** (f.)

contraprestación (f.)	**contre-prestation** (f.)
contratación (f.)	**embauche** (m.)
contratante (a,m. y f.)	**contractant** (a. et m.)
contratar (v. tr.)	**engager** (v. tr.)
contratiempo (m.)	**contretemps** (m.)
contrato (m.)	**contrat** (m.)
contrato a plazo	contrat à terme
contrato atípico	contrat atypique
~de compra venta	contrat de vente
contrato de crédito	contrat de crédit
contrato de permuta	contrat d'échange
contrato de préstamo	contrat de prêt
contrato de venta	contrat de vente
contrato firme	contrat ferme
contrato mercantil	contrat commercial
contravalor (m.)	**contre-valeur** (f.)
contravención (f.)	**contravention** (f.)
contribuir (v. tr.irreg.)	**contribuer** (v. tr.)
contributivo (a.)	**contributif** (a.)
control (m.)	**contrôle** (m.)
control crediticio	contrôle du crédit
control de cambios	contrôle des changes
control de divisas	contrôle des devises
controlado (a.)	**contrôlé** (a.)
controlar (v. tr.)	**contrôler** (v. tr.)
controlar los cobros	contrôler l'encaissement
controvertible (a.)	**contestable** (a.)
convencer (v. tr.)	**convaincre** (v. tr.)
convencimiento (m.)	**conviction** (f.)
convención (f.)	**convention** (f.)
convencional (a.)	**conventionnel** (a.)

convenido (a.)	**convenu** (a.)
conveniencia (f.)	**convenance** (f.)
conveniente (a.)	**convenable** (a.)
convenientemente	**convenablement** (adv.)
convenio (m.)	convention (f.)
	accord (m.)
convenio bilateral	*accord bilatéral*
convenio de acreedores	*convention des créanciers*
convenio de pago	*contrat de paiement*
convenio financiero	*accord financier*
convenir (v. intr.)	**convenir** (v. intr.)
conversación (f.)	**conversation** (f.)
conversar (v. intr.)	**converser** (v. intr.)
conversión (f.)	**conversion** (f.)
convertibilidad (f.)	**convertibilité** (f.)
convertibilidad externa	*convertibilité externe*
convertibilidad ilimitada	*convertibilité illimitée*
convertibilidad interna	*convertibilité interne*
convertibilidad limitada	*convertibilité limitée*
convertible (a.)	**convertible** (a.)
convertir (v. tr.)	**convertir** (v. tr.)
convicción (f.)	**conviction** (f.)
	probant (a.)
convincente (a.)	convaincant (a.)
convocar (v. tr.)	**convoquer** (v. tr.)
convocatoria (f.)	**convocation** (f.)
cooperación (f.)	**coopération** (f.)
cooperativo (a.)	**coopératif** (a.)
coordinación (f.)	**coordination** (f.)
coordinado (a.)	**coordonné** (a.)
coordinador (a.)	**coordinateur** (a.)

coordinar *(v. tr.)*	**coordonner** *(v. tr.)*
coparticipación *(f.)*	**coparticipation** *(f.)*
copartícipe *(m. y f.)*	**coparticipant** *(m.)*
copia *(f.)*	**copie** *(f.)*
copiar *(v. tr.)*	**copier** *(v. tr.)*
corrección *(f.)*	**correction** *(f.)*
correcto *(a.)*	**correct** *(a.)*
corredor *(a. y m.)*	**agent** *(a. et s.)*
corredor de bolsa	*agent de change*
corredor de cambio	*agent de change*
corredor de comercio	*agent commercial*
corredor de seguros	*agent d'assurances*
corregido *(a.)*	**corrigé** *(a.)*
corregir *(v. tr.)*	**corriger** *(v. tr.)*
correlación *(f.)*	**corrélation** *(f.)*
correo *(m.)*	**courrier** *(m.)*
correspondencia *(f.)*	**correspondance** *(f.)*
~comercial	*~commerciale*
corresponder *(v. intr.)*	**correspondre** *(v. intr.)*
corresponsal *(m.)*	**correspondance** *(f.)*
corresponsal bancario	*correspondant bancaire*
corresponsalía *(f.)*	**correspondant** *(m.)*
corretaje *(m.)*	**commission** *(f.)*
corriente *(a.)*	**courant** *(a.)*
corro *parquet (m.)*	**cercle** *(m.)*
corro bancario	*compartiment bancaire*
corroborar *(v. tr.)*	**corroborer** *(v. tr.)*
cortapisa *(f.)*	**condition** *(f.)*
corto *(a.)*	**court** *(a.)*
coste *(m.)*	**coût** *(m.)*
coste de adquisición	*coût d'acquisition*

coste de compra	*coût d'achat*
costes *(m. pl.)*	**coûts** *(m.pl.)*
costo *(m.)*	**coût** *(m.)*
costo actual	*coût actuel*
costumbre *(f.)*	**coutume** *(f.)*
cotejar *(v. tr.)*	**confronter** *(v. tr.)*
cotejo *(m.)*	**comparaison** *(f.)*
cotizable *(a.)*	**cotisable** *(a.)*
cotización *(f.)*	**cote** *(f.)*
~*de las acciones*	*cours des actions*
~*de los cambios*	*cours des changes*
cotización del día	*cours du jour*
cotización del dólar	*cours du dollar*
cotización en firme	*cours ferme*
cotización oficial	*cours officiel*
cotizado *(a.)*	**cotisé** *(a.)*
cotizar *(v. tr.)*	**cotiser** *(v. intr.et tr.)*
cotizar precios	*cotiser des prix*
coyuntura *(f.)*	**conjoncture** *(f.)*
coyuntura alcista	*conjoncture à la hausse*
coyuntura ascendente	
coyuntura bajista	*conjoncture à la baisse*
coyuntura descendente	
coyuntura económica	*conjoncture économique*
coyuntural *(a.)*	**conjoncturel** *(a.)*
crack *(m.)*	**krach** *(m.)*
crear *(v. tr.)*	**créer** *(v. tr.)*
crecer *(v. intr.)*	**croître** *(v. intr.)*
crecimiento económico	**croissance économique**
credibilidad *(f.)*	**crédibilité** *(f.)*
crédito *(m.)*	**crédit** *(m.)*

crédito a corto plazo	*crédit à court terme*
crédito a la exportación	*crédit à l'exportation*
crédito a la industria	*crédit à l'industrie*
crédito a largo plazo	*crédit à long terme*
crédito a medio plazo	*crédit à moyen terme*
crédito abierto	*crédit ouvert*
crédito agrícola	*crédit agricole*
crédito al consumidor	*crédit au consommateur*
crédito bancario	*crédit bancaire*
crédito cerrado	*crédit fermé*
crédito comercial	*crédit commercial*
crédito compensado	*crédit compensé*
crédito con garantía	*crédit avec garantie*
~con garantía real	*crédit avec garantie réelle*
crédito conformado	*crédit confirmé*
crédito de aceptación	*crédit d'acceptation*
~de comercio exterior	*~de commerce extérieur*
crédito de descuento	*crédit d'escompte*
crédito de exportación	*crédit à l'exportation*
crédito de garantía real	*crédit avec garantie réelle*
crédito de producción	*crédit de production*
crédito divisible	*crédit divisible*
crédito documentario	*crédit documentaire*
crédito en blanco	*crédit en blanc*
~en cuenta corriente	*crédit en compte*
crédito en descubierto	*crédit à découvert*
crédito en divisas	*crédit en devises*
crédito en efectivo	*crédit effectif*
crédito estatal	*crédit officiel*
crédito extranjero	*crédit étranger*
crédito fallido	*crédit failli*

crédito global	crédit global
crédito hipotecario	crédit hypothécaire
crédito ilimitado	crédit illimité
crédito industrial	crédit industriel
crédito inmobiliario	crédit foncier
crédito irrevocable	crédit irrévocable
crédito negociable	crédit négociable
crédito no confirmado	crédit non confirmé
crédito oficial	crédit officiel
crédito personal	crédit personnel
crédito pignoraticio	crédit pignoratif
crédito preferencial	crédit de préférence
crédito prescrito	crédit échu
crédito real	crédit réel
crédito renovable	crédit rénovable
crédito revocable	crédit révocable
crédito revolving	crédit revolving
crédito rotativo	crédit rotatif
crédito rotatorio	crédit revolving
crédito simple	crédit simple
crédito subsidiario	crédit subsidiaire
crédito transferible	crédit transférable
crédito vencido	crédit échu
créditos hipotecarios	crédits hypothécaires
créditos incobrables	crédits irrécouvrables
creer (v. tr.)	**croire** (v.tr. et intr.)
crisis (f.)	**crise** (f.)
crisis económica	crise économique
crisis financiera	crise financière
crisis monetaria	crise monétaire
criterio (m.)	**critère** (m.)

crítico *(a.)*	**critique** *(a.)*
cruzado *(a.)*	**barré** *(a.)*
cruzamiento *(m.)*	**croisement** *(m.)*
cruzar *(v. tr.)*	**croiser** *(v.intr. et tr.)*
cuadrar *(v. tr.)*	**cadrer** *(v. tr. et intr.)*
cuadrar una cuenta	*ajuster un compte*
cuantía *(f.)*	**montant** *(m.)*
cuantioso *(a.)*	**considérable** *(a.)*
cubierto *(a.)*	**couvert** *(a.)*
cubrir *(v. tr.)*	**couvrir** *(v. tr.)*
cubrir la demanda	*couvrir la demande*
cuenta *(f.)*	**compte** *(m.)*
cuenta a cobrar	*compte à percevoir*
cuenta a pagar	*compte à payer*
cuenta a plazo	*compte à terme*
cuenta abierta	*compte ouvert*
cuenta acreedora	*compte créditeur*
cuenta auxiliar	*compte auxiliaire*
cuenta bancaria	*compte bancaire*
cuenta bloqueada	*compte bloqué*
cuenta cerrada	*compte fermé*
cuenta cierre	*compte de clôture*
cuenta común	*compte commun*
cuenta conjunta	*compte joint*
cuenta corriente	*compte courant*
cuenta de ahorro	*compte d'épargne*
cuenta de balance	*compte de bilan*
cuenta de caja	*compte de caisse*
cuenta de capital	*compte de capital*
cuenta de compensación	*compte de compensation*
cuenta de crédito	*compte de crédit*

cuenta de depósito	compte de dépôt
cuenta de gastos	compte de dépenses
cuenta de ingreso	compte de revenus
cuenta de inventario	compte d'inventaire
cuenta de mayor	compte du grand livre
cuenta de negocios	compte de négoces
cuenta de orden	compte d'ordre
cuenta de pagos	compte de paiement
cuenta de préstamo	compte de prêt
cuenta de resaca	compte de retour
cuenta de reserva	compte de réserves
cuenta de varios	compte de divers
cuenta del balance	compte du bilan
cuenta deudora	compte débiteur
~ en moneda extranjera	compte en devises
cuenta especial	compte spécial
cuenta garantizada	compte garantie
cuenta inactiva	compte inactif
cuenta individual	compte individuel
cuenta mancomunada	compte en commun
cuenta morosa	compte retardataire
cuenta nominal	compte nominal
cuenta nueva	compte nouveau
cuenta numerada	compte numéroté
cuenta particular	compte privé
cuenta pendiente	compte en attente
cuenta personal	compte personnel
cuenta saldada	compte soldé
cuenta sin garantía	compte sans garanties
cuenta sin movimientos	compte sans mouvements
cuenta vencida	compte échu

cuentas a plazo	*comptes à terme*
cuentas bancarias	*comptes bancaires*
cuentas de pasivo	*comptes de passif*
cuentas de residentes	*comptes de résidents*
cuentas incobrables	*comptes intouchables*
cuentas personales	*comptes personnels*
cuestión *(f.)*	**question** *(f.)*
cuestionario *(m.)*	**questionnaire** *(m.)*
cuidado *(m.)*	**soin** *(m.)*
cuidadosamente *(adv.)*	**soigneusement** *(adv.)*
cuidadoso *(a.)*	**soigneux** *(a.)*
cuidar *(v. tr.)*	**soigner** *(v. tr.)*
cumplido *(a.)*	**accompli** *(a.)*
cumplidor *(a.)*	**sérieux** *(a. et s.)*
cumplimiento *(m.)*	**accomplissement** *(m.)*
cumplir *(v. tr.)*	**accomplir** *(v. tr.)*
cuota *(f.)*	**cotisation** *(f.)*
cuota de suscripción	*frais d'abonnement*
cupón *(m.)*	**coupon** *(m.)*
cupón de dividendo	*coupon de dividende*
cupón de intereses	*coupon des intérêts*
cupón de renta fija	*coupon de revenu fixe*
custodia *(f.)*	**garde** *(f.)*
custodiar *(v. tr.)*	**garder** *(v. tr.)*

chantaje

Español   *Francés*

Español	Francés
chantaje (m.)	chantage (m.)
cheque (m.)	chèque (m.)
cheque a la orden	chèque à l'ordre
cheque al portador	chèque au porteur
cheque bancario	chèque bancaire
cheque caducado	chèque échu
cheque confirmado	chèque confirmé
cheque cruzado	chèque barré
cheque de viaje	chèque de voyage
cheque en blanco	chèque en blanc
cheque en descubierto	chèque non provisionné
cheque falsificado	faux chèque
cheque impagado	chèque impayé
cheque nominativo	chèque nominatif
cheque sin fondos	chèque sans provision
cheque sin provisión	chèque sans provision

dador

Español	*Francés*
dador *(a. y m.)*	**porteur** *(m. et a.)*
dañar *(v. tr.)*	**endommager** *(v. tr.)*
dar *(v. tr.)*	**donner** *(v. tr. et intr.)*
dar fe	*certifier*
dar su aprobación	*donner son approbation*
datos *(m. pl.)*	**données** *(f. pl.)*
datos personales	*données personnelles*
debatir *(v. tr.)*	**débattre** *(v. tr.)*
debe *(m.)*	**débit** *(m.)*
deber *(m.)*	**devoir** *(m.)*
debido *(p. p.)*	**dû** *(a.)*
debilidad *(f.)*	**faiblesse** *(f.)*
debilitar *(v. tr.)*	**débiliter** *(v. tr.)*
débito *(m.)*	**débit** *(m.)*
decaer *(v. intr.)*	**déchoir** *(v. intr.)*
decaído *(a.)*	**déchu** *(a.)*
decidir *(v. tr.)*	**décider** *(v. tr.)*
decir *(v. tr.)*	**dire** *(v. tr.)*
decisión *(f.)*	**décision** *(f.)*
decisivo *(a.)*	**décisif** *(a.)*
decisorio *(a.)*	**décisoire** *(a.)*
declaración *(f.)*	**déclaration** *(f.)*
declaración de bienes	*déclaration de biens*
declive *(m.)*	**pente** *(f.)*
decreciente *(a.)*	**décroissant** *(a.)*
deducción *(f.)*	**déduction** *(f.)*
deducción de gastos	*déduction de frais*

deducible *(a.)*	**déductible** *(a.)*
deducido *(a.)*	**déduit** *(a.)*
deducir *(v. tr.)*	**déduire** *(v. tr.)*
defecto *(m.)*	**défaut** *(m.)*
defectuoso *(a.)*	**défectueux** *(a.)*
deficiencia *(f.)*	**déficience** *(f.)*
déficit *(m.)*	**déficit** *(m.)*
déficit financiero	*déficit financier*
deficitaria *(a.)*	**déficitaire** *(a.)*
definido *(a.)*	**défini** *(a.)*
definir *(v. tr.)*	**définir** *(v. tr.)*
defraudación *(f.)*	**fraude** *(f.)*
defraudador *(m.)*	**fraudeur** *(m.)*
defraudar *(v. tr.)*	**frauder** *(v. intr. et tr.)*
dejar *(v. tr.e intr.)*	**laisser** *(v. tr.)*
dejar en prenda	*déposer en gage*
dejar sin efecto	*laisser sans effet*
delegación *(f.)*	**délégation** *(f.)*
delegado *(a y m.)*	**délégué** *(a.et m.)*
delegar *(v. tr.)*	**déléguer** *(v. tr.)*
delimitar *(v. tr.)*	**délimiter** *(v. tr.)*
delito *(m.)*	**délit** *(m.)*
demanda *(f.)*	**demande** *(f.)*
demanda crediticia	*demande de crédit*
demanda de pago	*demande de paiement*
demandado *(m.)*	**demandé** *(s.)*
demandar *(v. tr.)*	**demander** *(v. tr.)*
demora *(f.)*	**retard** *(m.)*
demorar *(v. tr.e intr.)*	**retarder** *(v.intr.et tr.)*
denegar *(v. tr.)*	**débouter** *(v. tr.)*
denominación *(f.)*	**dénomination** *(f.)*

dentro *(adv.)*
departamento *(m.)*
~de ahorros
~de cobros
~ de contabilidad
~de crédito
~de divisas
~ de moneda extranjera
~de personal
~extranjero
~financiero
depauperación *(f.)*
depositado *(a.)*
depositante *(a. y s.)*
depositar *(v. tr.)*
depositar en el banco
depositar una fianza
depositario *(m.)*
depósito *(m.)*
depósito a corto plazo
depósito a la vista
depósito a la vista
depósito a largo plazo
depósito a medio plazo
depósito a plazo
deposito afianzado
depósito de ahorro
deposito efectivo
depreciación *(f.)*
depreciación acelerada
depreciada *(a.)*

dans *(adv.)*
département *(m.)*
~d'épargnes
~ de recouvrements
~de comptabilité
~de crédit
~de devises
~ de monnaie étrangère
~du personnel
~étranger
~financier
appauvrissement *(m.)*
déposé *(a.)*
déposant *(a. et s.)*
déposer *(v. tr.et intr.)*
déposer en banque
déposer un cautionnement
dépositaire *(s.)*
dépôt *(m.)*
dépôt à court terme
dépôt à vue
dépôt à vue
dépôt a long terme
dépôt à moyen terme
dépôt à terme
dépôt de garantie
dépôt d'épargne
dépôt effectif
dépréciation *(f.)*
dépréciation accélérée
dépréciée *(a.)*

depreciar (v. tr.)	**déprécier** (v. tr.)
depresión (f.)	**dépression** (f.)
derecho al voto	**droit de vote**
derecho de suscripción	*droit de souscription*
derecho de veto	*droit de véto*
derecho de voto	*droit de vote*
derrochador (m.)	**gaspilleur** (m.)
derrochar (v. tr.)	**gaspiller** (v. intr.)
derroche (m.)	**gaspillage** (m.)
derrotar (v. tr.)	**battre** (v. intr.et tr.)
derrumbamiento (m.)	**écroulement** (m.)
desacreditar (v. tr.)	**discréditer** (v. tr.)
desacuerdo (m.)	**désaccord** (m.)
desafuero (m.)	**atteinte** (f.)
desajuste (m.)	**désajustement** (m.)
desamortización (f.)	**désamortissement** (m.)
desamortizar (v. tr.)	**désamortir** (v. tr.)
desanimado (a.)	**découragé** (a.)
desanimar (v. tr.)	**décourager** (v. tr.)
desánimo (m.)	**découragement** (m.)
desaprobación (f.)	**désapprobation** (f.)
desaprobar (v. tr.)	**désapprouver** (v. tr.)
desarrollado (a.)	**développé** (a.)
desarrollar (v. tr.)	**développer** (v. tr.)
desarrollo (m.)	**développement** (m.)
desarrollo económico	*~économique*
desautorizar (v. tr.)	**désavouer** (v. tr.)
desavenencia (f.)	**désaccord** (m.)
desbloquear (v. tr.)	**débloquer** (v. tr.et intr.)
~una cuenta	*débloquer un compte*
desbloqueo (m.)	**déblocage** (m.)

Español - Francés

desbordar *(v. intr.)*	**déborder** *(v. intr.)*
descapitalizado *(a.)*	**décapitalisé** *(a.)*
descender *(v.intr.y tr.)*	**descendre** *(v. intr.)*
descenso de precios	**réduction des prix**
descentralización *(f.)*	**décentralisation** *(f.)*
descongestión *(f.)*	**décentralisation** *(f.)*
desconocido *(a.)*	**inconnu** *(a.)*
desconsideración *(f.)*	**déconsidération** *(f.)*
descontada *(a.)*	**escomptée** *(a.)*
descontar *(v. tr.)*	**escompter** *(v. tr.)*
descontar una letra	*~ une lettre de change*
descrédito *(m.)*	**discrédit** *(m.)*
descubierto *(m.)*	**découvert** *(m.)*
descuento *(m.)*	**escompte** *(m.)*
descuento bancario	*escompte (m.)*
descuento comercial	*escompte commercial*
deseable *(a.)*	**désirable** *(a.)*
desear *(v. tr.)*	**désirer** *(v. tr.)*
desembolsada *(a.)*	**déboursée** *(a.)*
desembolsar *(v. tr.)*	**débourser** *(v. tr.)*
desembolsar dinero	*débourser de l'argent*
desembolso *(m.)*	**déboursé** *(a.)* **versement** *(m.)*
deseo *(m.)*	**désir** *(m.)*
desfalcar *(v. tr.)*	**défalquer** *(v. tr.)*
desfalco *(m.)*	**détournement** *(m.)*
desfavorable *(a.)*	**défavorable** *(a.)*
desglosar *(v. tr.)*	**disjoindre** *(v. tr.)*
desglose *(m.)*	**disjonction** *(f.)*
desglose de los gastos	*disjonction des frais*
deshacer *(v. tr.)*	**défaire** *(v. tr.)*

desinversión (f.)	**désinvestissement** (m.)
desmentido (m.)	**démenti** (m.)
desmonetización (f.)	**démonétisation** (f.)
despacho (m.)	**expédition** (f.)
despilfarrar (v. tr.)	**gaspiller** (v. intr.)
despilfarro (m.)	**gaspillage** (m.)
después (adv.)	**après** (adv.)
destinar (v. tr.)	**destiner** (v. tr.)
destitución (f.)	**destitution** (f.)
desventaja (f.)	**désavantage** (m.)
desventajoso (a.)	**désavantageux** (a.)
detallado (a.)	**détaillé** (a.)
detallar (v. tr.)	**détailler** (v. tr.)
detener (v. tr.)	**arrêter** (v. tr.et intr.)
determinar (v. tr.)	**déterminer** (v. tr.)
deuda (f.)	**dette** (f.)
deuda a corto plazo	*dette à court terme*
deuda a largo plazo	*dette à long terme*
deuda a plazo	*dette à terme*
deuda amortizable	*dette amortissable*
deuda bruta	*dette brute*
deuda consolidada	*dette consolidée*
deuda de la sociedad	*dette de la société*
~en moneda extrajera	*dette en devises*
deuda exigible	*dette exigible*
deuda exterior	*dette extérieure*
deuda incobrable	*dette irrécouvrable*
deuda neta	*dette nette*
deuda pública	*dette publique*
deudas (f. pl.)	**dettes** (f. pl.)
deudor (m.)	**débiteur** (m.)

deudor común | *débiteur commun*
deudor moroso | *débiteur mis en demeure*
deudor principal | *débiteur principal*
devaluación *(f.)* | **dévaluation** *(f.)*
devaluado *(a.)* | **dévalué** *(a.)*
devaluar *(v. tr.)* | **dévaluer** *(v. intr.et tr.)*
devengado *(a.)* | **échu** *(a.)*
devengar *(v. tr.)* | **rapporter** *(v.tr.et intr.)*
devengar intereses | *rapporter des intérêts*
devolución *(f.)* | **rendu** *(m.)*
devoluciones *(f. pl.)* | **rendus** *(m. pl.)*
~*de clientes* | *rendus des clients*
devolver *(v. tr.)* | **rendre** *(v. tr.et intr.)* / **restituer** *(v. tr.)*
devuelto *(a.)* | **retourné** *(a.)*
día *(m.)* | **jour** *(m.)*
día de liquidación | *jour de liquidation*
día de pago | *jour de paiement*
día de vencimiento | *jour d'échéance*
día del pago | *jour du paiement*
día hábil | *jour ouvrable*
día inhábil | *jour non ouvrable*
diagnosticar *(v. tr.)* | **diagnostiquer** *(v. tr.)*
diagnóstico *(m.)* | **diagnostique** *(m.)*
dictamen *(m.)* | **consultation** *(f.)*
dictaminar *(v. intr.)* | **informer** *(v. tr.et intr.)*
diferencia *(f.)* | **différence** *(f.)*
diferencia de precio | *différence de prix*
diferenciación *(f.)* | **différenciation** *(f.)*
diferencial *(a.y m.)* | **différentiel** *(a.et m.)*
diferencial bancario | *différentiel bancaire*

diferente (a.)	**différent** (a.)
diferido (p. p.)	**différé** (a.)
dificultar (v. tr.)	**compliquer** (v.tr.)
dígito (m.)	**digit** (m.)
dilapidación (f.)	**dilapidation** (f.)
dilapidar (v. tr.)	**dilapider** (v. tr.)
diligencia (f.)	**démarche** (f.)
diligente (a.)	**diligent** (a.)
dinámico (a.)	**dynamique** (f. et a.)
dinero (m.)	**argent** (m.)
dinero a corto plazo	argent à court terme
dinero a la vista	argent à vue
dinero a largo plazo	argent à long terme
dinero a plazo fijo	argent à terme
dinero bancario	argent bancaire
dinero convertible	argent convertible
dinero disponible	argent disponible
dinero efectivo	espèces
dinero en circulación	argent en circulation
dinero en cuenta	argent en compte
dinero en depósito	argent en dépôt
dinero extranjero	argent étranger
dinero falso	fausse monnaie
dinero suelto	petite monnaie
dirección (f.)	adresse (f.)
	direction (f.)
directivo (m.)	**dirigeant** (m.)
director (m.)	**directeur** (m.)
director comercial	directeur commercial
director financiero	directeur financier
director general	directeur général

director general adjunto	*directeur adjoint*
directorio *(a.)*	**directoire** *(a.)*
directriz *(f.)*	**directive** *(f.)*
dirigente *(m.)*	**dirigeant** *(m.)*
dirigido *(a.)*	**dirigé** *(a.)*
dirigir *(v. tr.)*	**diriger** *(v. tr.)*
dirigir un negocio	*diriger une entreprise*
disconformidad *(f.)*	**désaccord** *(m.)*
discontinuo *(a.)*	**discontinu** *(a.)*
discreción *(f.)*	**discrétion** *(f.)*
discrepancia *(f.)*	**désaccord** *(m.)*
discrepar *(v.intr.)*	**être en désaccord**
discreto *(a.)*	**discret** *(a.)*
discriminación *(f.)*	**discrimination** *(f.)*
discriminar *(v. tr.)*	**discriminer** *(v. tr.)*
disculpar *(v. tr.)*	**disculper** *(v.tr.)*
discusión *(f.)*	**discussion** *(f.)*
discutible *(a.)*	**discutable** *(a.)*
discutir *(v. tr.)*	**discuter** *(v. tr.et intr.)*
disensión *(f.)*	**dissension** *(f.)*
disminución *(f.)*	**diminution** *(f.)*
disminuir *(v. tr.)*	**diminuer** *(v. tr.et intr.)*
~*el tipo de interés*	~ *du taux d'intérêt*
disminuir los precios	*diminuer les prix*
disparatado *(a.)*	**absurde** *(a.)*
dispensar *(v. tr.)*	**dispenser** *(v. tr.)*
disponer *(v. tr.)*	**disposer** *(v. tr.)*
disponibilidad *(f.)*	**disponibilité** *(f.)*
disponibilidades *(f.)*	**disponibilités** *(f. pl.)*
disponible *(a.)*	**disponible** *(a.)*
dispuesto *(a.)*	**disposé** *(a.)*

distinto *(a.)*	**distinct** *(a.)*
distribución *(f.)*	**distribution** *(f.)*
distribuido *(a.)*	**distribué** *(a.)*
distribuir *(v. tr.)*	**distribuer** *(v. tr.)*
disyuntiva *(f.)*	**alternative** *(f.)*
diversificación *(f.)*	**diversification** *(f.)*
diverso *(a.)*	**divers** *(a.)*
dividendo *(m.)*	**dividende** *(m.)*
dividendo a cuenta	*à compte de dividende*
dividendo activo	*dividende actif*
dividendo acumulado	*dividende accumulé*
dividendo bruto	*dividende brut*
dividendo en acciones	*dividende en actions*
dividendo en efectivo	*dividende distribué*
dividendo extra	*dividende extraordinaire*
dividendo neto	*dividende net*
dividendo no distribuido	*dividende non distribué*
dividendo pasivo	*dividende non distribué*
dividir *(v. tr.)*	**diviser** *(v. tr.)*
divisa *(f.)*	**devise** *(f.)*
divisa convertible	*devise convertible*
divisa tipo	*devise type*
divisible *(a.)*	**divisible** *(a.)*
división *(f.)*	**division** *(f.)*
doblar *v. tr.)*	**doubler** *(v. tr.et intr.)*
doble *(a.)*	**double** *(a.)*
documentación *(f.)*	**documentation** *(f.)*
documento *(m.)*	**document** *(m.)*
~de embarque	*carte d'embarquement*
~nacional de identidad	*carte d´identité*
documentos *(m. pl.)*	**documents** *(m.pl.)*

documentos a la vista	*documents à vue*
~mercantiles	*documents commerciaux*
~reservados	*documents réservés*
dólar *(m.)*	**dollar** *(m.)*
doméstico *(a.)*	**domestique** *(a. et s.)*
domiciliación *(f.)*	**domiciliation** *(f.)*
domiciliación bancaria	*domiciliation bancaire*
~de efectos	*domiciliation d'effets*
domiciliado *(a.)*	**domicilié** *(a.)*
domiciliar *(v. tr.)*	**domicilier** *(v. tr.)*
domiciliar un efecto	*domicilier un effet*
domicilio *(m.)*	**domicile** *(m.)*
dominar *(v. tr.)*	**dominer** *(v. tr.)*
dominar el mercado	*dominer le marché*
donar *(v. tr.)*	**donner** *(v. tr.et intr.)*
dorso *(m.)*	**dos** *(m.)*
dorso de la letra	*dos d'une lettre*
dotar *(v. tr.)*	**doter** *(v. tr.)*
duplicado *(a.)*	**duplicata** *(a.)*
duración *(f.)*	**durée** *(f.)*
~de un préstamo	*durée d'un prêt*
duración del crédito	*durée du crédit*
duradero *(a.)*	**durable** *(a.)*

economía

Español

economía *(f.)*
economía monetaria
economía política
economía privada
economía pura
economía subterránea
economía sumergida
económico *(a.)*
economista *(s.)*
economizar *(v. tr.)*
ecuación *(f.)*
edad *(f.)*
efectivo *(m.)*
efecto *(m.)*
efecto a cobrar
efecto a compensar
efecto a corto plazo
efecto a la orden
efecto a la vista
efecto a largo plazo
efecto a pagar
efecto a plazo fijo
efecto aceptado
efecto al cobro
efecto al portador
efecto anticipado
efecto bancario

Francés

économie *(f.)*
économie monétaire
économie politique
économie privée
économie pure
économie souterraine
économie souterraine
économique *(a.)*
économiste *(s.)*
économiser *(v.tr.)*
équation *(f.)*
âge *(m.)*
espèces *(f.et a.)*
effet *(m.)*
effet à recevoir
effet à compenser
effet à court terme
effet à l'ordre
effet à la vue
effet à long terme
effet à payer
effet à terme fixe
effet accepté
effet à l'encaissement
effet au porteur
effet anticipé
effet bancaire

efecto comercial	*effet commercial*
efecto constitutivo	*effet constitutif*
efecto convertible	*effet convertible*
efecto de comercio	*effet de commerce*
efecto de favor	*effet de complaisance*
efecto descontado	*effet escompté*
efecto documentario	*effet documentaire*
efecto en cartera	*effet en portefeuille*
efecto financiero	*effet financier*
efecto mercantil	*effet de commerce*
efecto negociable	*effet négociable*
efecto no aceptado	*effet non accepté*
efectos financieros	*effets financiers*
efectos mercantiles	*effets de commerce*
efectuar *(v.tr.)*	**effectuer** *(v.tr.)*
eficacia *(f.)*	**efficacité** *(f.)*
eficacia económica	*efficacité économique*
eficaz *(a.)*	**efficace** *(a.)*
eficiencia *(f.)*	**efficience** *(f.)*
eficiente *(a.)*	**efficient** *(a.)*
ejecutable *(a.)*	**exécutable** *(a.)*
ejecutante *(a. y m.)*	**exécutant** *(m. et a.)*
ejecutar *(v. tr.)*	**exécuter** *(v.tr.)*
ejecutivo *(a. y m.)*	**exécutif** *(a. et m.)*
ejemplar *(a.)*	**exemplaire** *(a.)*
ejemplo *(m.)*	**exemple** *(m.)*
ejercicio contable	**exercice comptable**
ejercicio financiero	*exercice financier*
elaboración *(f.)*	**élaboration** *(f.)*
elaborar *(v. tr.)*	**élaborer** *(v.tr.)*
elegir *(v. tr.)*	**élire** *(v. tr.)*

elegir por unanimidad	*élire à l'unanimité*
elemento (m.)	**élément** (m.)
elevación (f.)	**élévation** (f.)
elevación del precio	*augmentation des prix*
elevar (v. tr.)	**élever** (v. tr.)
elevar el tipo de interés	*relever le taux d'intérêt*
elevar las cotizaciones	*augmenter la cotisation*
eliminación (f.)	**élimination** (f.)
eliminar (v. tr.)	**éliminer** (v.intr.et tr.)
eludir (v. tr.)	**éluder** (v.tr.)
embargado	**saisi** (a.)
embargar (v. tr.)	**saisir** (v. tr.)
embargo (m.)	embargo (m.)
	saisie (f.)
emergente (a.)	**émergent** (a.)
eminente (a.)	**éminent** (a.)
emisión (f.)	**émission** (f.)
emisión de billetes	*émission de billets*
emisión exterior	*émission extérieure*
emisión fiduciaria	*émission fiduciaire*
emisión interior	*émission intérieure*
emisor (a.)	**émetteur** (a.)
emitido (p. p.)	**émis** (a.)
emitir (v. tr.)	**émettre** (v. tr.)
emitir acciones	*émettre des actions*
emitir billetes	*émettre des billets*
emitir una letra	*émettre une traite*
emolumentos (m. pl.)	**émoluments** (m. pl.)
empeñado (p. p.)	**engagé** (a.)
empeñar (v. tr.)	**engager** (v. tr.)
empeorar (v. tr.)	**aggraver** (v. tr.)

empezar *(v. tr. irreg.)*	**commencer** *(v.tr. et intr.)*
empleado de banca	**employé de banque**
empleado de banco	*employé de banque*
~de contabilidad	*employé de comptabilité*
emplear *(v. tr.)*	**employer** *(v.tr.)*
empobrecer *(v. tr.)*	**appauvrir** *(v. tr.)*
emprender *(v. tr.)*	**entreprendre** *(v. tr.)*
empresa *(f.)*	**entreprise** *(f.)*
~cotizada en Bolsa	*entreprise cotée en bourse*
empresa endeudada	*entreprise endettée*
empresa filial	*entreprise filiale*
empresa media	*entreprise moyenne*
empresa mediana	*entreprise moyenne*
empresa mercantil	*entreprise commerciale*
empresa multinacional	*entreprise multinationale*
empresa nacional	*entreprise nationale*
empresa privada	*entreprise privée*
empresa pública	*entreprise publique*
empresarial *(a.)*	**patronal** *(a.)*
emprestar *(v. tr.)*	**emprunter** *(v. tr.)*
empréstito *(m.)*	**emprunt** *(m.)*
empréstito amortizable	*emprunt amortissable*
empréstito consolidado	*emprunt consolidé*
empréstito convertible	*emprunt convertible*
empréstito en divisas	*emprunt en devises*
empréstito estatal	*emprunt d' État*
empujar *(v. tr.)*	**pousser** *(v.intr.et tr.)*
empuje *(m.)*	**poussée** *(f.)*
empujón *(m.)*	**poussée** *(f.)*
enajenable *(a.)*	**aliénable** *(a.)*
enajenación *(f.)*	**aliénation** *(f.)*

enajenador *(m.)*	**aliénateur** *(m.)*
enajenar *(v.tr.)*	**aliéner** *(v. tr.)*
encabezamiento *(m.)*	**en-tête** *(m.)*
encajar *(v.tr.)*	**encastrer** *(v. tr.)*
encaje *(m.)*	**encaisse** *(f.)*
encarecer *(v.tr.)*	**enchérir** *(v. intr.)*
endeudado *(p. p.)*	**endetté** *(a.)*
endeudamiento *(m.)*	**endettement** *(m.)*
endosable *(a.)*	**endossable** *(a.)*
endosado *(a.)*	**endossé** *(a.)*
endosador *(m.)*	**endossataire** *(m.)*
endosante *(m.)*	**endosseur** *(m.)*
endosar *(v. tr.)*	**endosser** *(v.tr.)*
endosatario *(m.)*	**endossataire** *(m.)*
endoso *(m.)*	**endos** *(m.)*
endoso completo	*endos complet*
endoso condicional	*endossement conditionnel*
endoso de favor	*endos de complaisance*
endoso de garantía	*endossement de garantie*
endoso en blanco	*endos en blanc*
endoso irregular	*endos irrégulier*
endoso nominativo	*endos nominatif*
endoso nulo	*endos nul*
endoso para el cobro	*endos pour recouvrement*
endoso total	*endos total*
endurecer *(v. tr.)*	**endurcir** *(v. tr.)*
endurecimiento *(m.)*	**durcissement** *(m.)*
enfrentarse *(v. pr.)*	**affronter** *(v. tr.)*
engaño *(m.)*	**ruse** *(f.)*
enjugar *(v. tr.)*	**résorber** *(v. tr.)*
enmendado *(p. p.)*	**corrigé** *(a.)*

enmendar *(v. tr.)*	**corriger** *(v. tr.)*
enmienda *(f.)*	**amendement** *(m.)*
enriquecimiento *(m.)*	**enrichissement** *(m.)*
entendimiento *(m.)*	**entendement** *(m.)*
enterar *(v. tr.)*	**informer** *(v. tr.et intr.)*
entero *(a.)*	**entier** *(a.)*
entidad *(f.)*	**entité** *(f.)*
entidad comercial	*entité commerciale*
entidad financiera	*entité financière*
entidad social	*entité sociale*
entorno *(m.)*	**environnement** *(m.)*
entrada *(f.)*	**entrée** *(f.)*
entrada de capital	*entrée de capital*
entrada de divisas	*entrée de devises*
entrar *(v.intr.)*	**entrer** *(v. intr.et tr.)*
entrega *(f.)*	**livraison** *(f.)*
~contra aceptación	*~contre acceptation*
entrega contra pago	*livraison contre paiement*
entrevista *(f.)*	**entretien** *(m.)*
entrevistarse	**avoir un entretien avec**
enviar *(v. tr.)*	**envoyer** *(v. tr.)*
envío *(m.)*	**envoi** *(m.)*
equilibrado *(p. p.)*	**équilibré** *(a.)*
equilibrar *(v. tr.)*	**équilibrer** *(v. tr.)*
equilibrio *(m.)*	**équilibre** *(m.)*
equilibrio de mercado	*équilibre de marché*
equilibrio económico	*équilibre économique*
equiparable *(a.)*	**comparable** *(a.)*
equiparación *(f.)*	**égalisation** *(f.)*
equiparar *(v.tr.)*	**égaliser** *(v.intr.et tr.)*
equivocación *(f.)*	**erreur** *(f.)*

erróneo (a.)	**erroné** (a.)
error contable	*erreur comptable*
error de copia	*erreur de transcription*
escandaloso (a.)	**scandaleux** (a.)
escasez (f.)	**manque** (m.)
	pénurie (f.)
escasez de capital	*manque de capital*
escasez de dinero	*manque d´argent*
escasez de divisas	*manque de devises*
escasez de dólares	*manque de dollars*
esclarecer (v. tr.)	**éclaircir** (v. tr.)
escoger (v. tr.)	**choisir** (v. tr.)
escribiente (m. y f.)	**clerc** (m.)
escribir (v. tr.)	**écrire** (v. intr.et tr.)
escrito (a. y m.)	**écrit** (m.et a.)
escritura (f.)	**acte** (f.et m.)
escritura de cesión	*acte de cession*
escritura de compra	*acte d'achat*
escritura de compraventa	
~de constitución	*acte de constitution*
escritura de hipoteca	*acte d'hypothèque*
escritura de propiedad	*acte de propriété*
escritura de sociedad	*titre de société*
escritura de venta	*acte de vente*
escritura hipotecaria	*constitution d'hypothèque*
escritura pública	*acte authentique*
especial (a.)	**spécial** (a.)
especialidad (f.)	**spécialité** (f.)
especialista (a.)	**spécialiste** (a.)
especializado (a.)	**spécialisé** (a.)
especificar (v. tr.)	**spécifier** (v. tr.)

Español - Francés

especulación *(f.)*	**spéculation** *(f.)*
especulador *(m.)*	**spéculateur** *(m.)*
	joueur *(m.)*
especulador bursátil	*spéculateur boursier*
especular *(v. tr. e intr.)*	**spéculer** *(v. intr.)*
especular a la baja	*spéculer à la baisse*
especular al alza	*spéculer à la hausse*
especulativo *(a.)*	**spéculatif** *(a.)*
espera *(f.)*	**attente** *(f.)*
esperado *(a. y p. p.)*	**attendu** *(a.)*
esperar *(v. tr.)*	**attendre** *(v. intr.et tr.)*
estabilidad *(f.)*	**stabilité** *(f.)*
estabilidad económica	*stabilité économique*
estabilidad monetaria	*stabilité monétaire*
estabilización *(f.)*	**stabilisation** *(f.)*
~de precios	*stabilité des prix*
estabilizado *(a. y p. p.)*	**stabilisé** *(a.)*
estabilizar una moneda	**stabiliser une monnaie**
estable *(a.)*	**stable** *(a.)*
establecimiento *(m.)*	**établissement** *(m.)*
estadística *(f.)*	**statistique** *(a.et f.)*
estadística de precios	*statistique de prix*
estado de cuenta	**relevé de comptes**
estado de situación	*situation de caisse*
estafa *(f.)*	**escroquerie** *(f.)*
estafador *(m.)*	**escroc** *(m.)*
estampillado *(m.)*	**timbrage** *(m.)*
estampillar *(v. tr.)*	**estampiller** *(v. tr.)*
estancamiento *(m.)*	**stagnation** *(f.)*
estanflación *(f.)*	**stagflation** *(f.)*
estar de acuerdo	**être d'accord**

estatutario (a.)	statutaire (a.)
estatuto (m.)	statut (m.)
estimación (f.)	estimation (f.)
	évaluation (f.)
estimación de costes	*évaluation des coûts*
estimado (a. y p. p.)	estimé (a.)
estimular (v. tr.)	stimuler (v. tr.)
estímulo (m.)	stimulation (f.)
estipulación (f.)	stipulation (f.)
estipulado (a.)	stipulé (a.)
estipular (v. tr.)	stipuler (v. tr.)
estrategia (f.)	stratégie (f.)
estratégico (a.)	stratégique (a.)
estricto (a.)	strict (a.)
estructura (f.)	structure (f.)
estructural (a.)	structurel (a.)
estructurar (v. tr.)	structurer (v. tr.)
estudiado (p. p.)	étudié (a.)
estudiar (v. tr.)	étudier (v. intr. et tr.)
estudio (m.)	étude (f.)
estudio de mercados	*étude de marché*
~de posibilidades	*étude de possibilités*
estudio del producto	*étude du produit*
ética (f.)	éthique (f.)
eurobonos (m. pl.)	euro-obligations (f.)
eurocheque (m.)	eurochèque (m.)
eurodivisa (f.)	eurodevise (f.)
eurodólares (m. pl.)	eurodollars (m. pl.)
europeo (m. y a.)	européen (m. et a.)
evaluable (a.)	évaluable (a.)
evaluación (f.)	évaluation (f.)

evaluar *(v. tr.)*	évaluer *(v.tr.)*
evento *(m.)*	événement *(m.)*
eventual *(a.)*	éventuel *(a.)*
eventualidad *(f.)*	éventualité *(f.)*
evidente *(a.)*	évident *(a.)*
evitable *(a.)*	évitable *(a.)*
evitar *(v. tr.)*	éviter *(v. intr.et tr.)*
evolución *(f.)*	évolution *(f.)*
evolutivo *(a.)*	évolutif *(a.)*
exactitud *(f.)*	exactitude *(f.)*
exacto *(a.)*	exact *(a.)*
exagerado *(p. p.)*	exagéré *(a.)*
exagerar *(v. tr.)*	exagérer *(v.intr.et tr.)*
examen *(m.)*	examen *(m.)*
examinar *(v. tr.)*	examiner *(v.intr.et tr.)*
excedente *(a. y m.)*	excédent *(a.et m.)*
exceder *(v. tr.)*	excéder *(v.tr.)*
excepción *(f.)*	exception *(f.)*
exceptuar *(v. tr.)*	excepter *(v.tr.)*
excesivo *(a.)*	excessif *(a.)*
exceso *(m.)*	excès *(m.)*
excluir *(v. tr.)*	exclure *(v.tr.)*
exento *(a.)*	exempt *(a.)*
exigencia *(f.)*	exigence *(f.)*
exigente *(a.)*	exigeant *(a.)*
exigible *(a.)*	exigible *(a.)*
exigir *(v. tr.)*	exiger *(v. tr.)*
exigir el pago	*exiger le paiement*
existencia *(f.)*	existence *(f.)*
existencia en caja	*encaisse*
existente *(a.)*	existent *(a.)*

éxito *(m.)*	**succès** *(m.)*
expansión *(f.)*	**expansion** *(f.)*
expansionario *(a.)*	**expansionniste** *(a.)*
expansivo *(a.)*	**expansif** *(a.)*
expedición *(f.)*	**expédition** *(f.)*
expedidor *(m.)*	**expéditeur** *(m.)*
expediente *(m.)*	**dossier** *(m.)*
experto *(a. y m.)*	**expert** *(m. et a.)*
explicar *(v.tr.)*	**expliquer** *(v.tr.)*
exportación *(f.)*	**exportation** *(f.)*
exportación de capital	*exportation de capital*
exportador *(a. y m.)*	**exportateur** *(m. et a.)*
expresar *(v. tr.)*	**exprimer** *(v.tr.)*
extender *(v. tr.)*	**libeller** *(v. tr.)*
extender un cheque	*libeller un chèque*
extender un recibo	*libeller un reçu*
extender una factura	*délivrer une facture*
extender una póliza	*rédiger une police*
exterior *(a.)*	**extérieur** *(a.)*
externo *(a.)*	**externe** *(a.)*
extractar *(v. tr.)*	**résumer** *(v. tr.)*
extracto *(m.)*	**extrait** *(m.et a.)*
extracto de cuenta	*extrait de compte*
extranjero *(a. y m.)*	**étranger** *(a. et m.)*

fábrica

Español	*Francés*
fábrica *(f.)*	**fabrique** *(f.)*
fabricación *(f.)*	**fabrication** *(f.)*
fabricante *(m.)*	**fabricant** *(m.)*
fabricar *(v. tr.)*	**fabriquer** *(v. tr.et intr.)*
fácil *(a.)*	**facile** *(a.)*
facilidad *(f.)*	**facilité** *(f.)*
facilidades de pago	*facilités de paiement*
facilitar *(v. tr.)*	**faciliter** *(v. tr.)*
factibilidad *(f.)*	**faisabilité** *(f.)*
factura *(f.)*	**facture** *(f.)*
facturación *(f.)*	**facturation** *(f.)*
facturado *(p. p.)*	**facturé** *(a.)*
facultar *(v. tr.)*	**autoriser** *(v.tr.)*
falseado *(p. p.)*	**falsifié** *(a.)*
falseamiento *(m.)*	**falsification** *(f.)*
falsear *(v. tr.)*	**fausser** *(v. tr.)*
falsedad *(f.)*	**fausseté** *(f.)*
falsificación *(f.)*	**falsification** *(f.)*
falsificación de firma	*contrefaçon de signature*
falsificado *(a. y p. p.)*	**contrefait** *(a.)*
falsificador *(m.)*	**falsificateur** *(m.)*
falsificar *(v. tr.)*	**falsifier** *(v. tr.)*
falso *(m.)*	**faux** *(m.)*
falta *(f.)*	**défaut** *(m.)*
falta de aceptación	*manque d'acceptation*
falta de cumplimiento	*non accomplissement*
falta de dinero	*manque d´argent*

falta de eficacia	*absence d'efficacité*
falta de fondos	*absence de fonds*
falta de liquidez	*manque de liquidité*
falta de pago	*non-paiement*
fama *(f.)*	**renommée** *(f.)*
favor *(m.)*	**faveur** *(f.)*
favorable *(a.)*	**favorable** *(a.)*
favorecer *(v. tr.)*	**favoriser** *(v. tr.)*
favorecido *(a.)*	**favorisé** *(a.)*
favoritismo *(m.)*	**favoritisme** *(m.)*
fecha *(f.)*	**date** *(f.)*
fecha de aceptación	*date d'acceptation*
fecha de cierre	*date de clôture*
fecha de envío	*date d´envoi*
fecha de la factura	*date de la facture*
fecha de pago	*date de paiement*
fecha de vencimiento	*date d´échéance*
fechar *(v. tr.)*	**dater** *(v. tr.et intr.)*
fiabilidad *(f.)*	**fiabilité** *(f.)*
fiable *(a.)*	**fiable** *(a.)*
fiado *(p. p.)*	**acheté à crédit**
fiador *(a. et m.)*	**garant** *(a. et s.)*
fiador solidario	*caution solidaire*
fianza *(f.)*	**garantie** *(f.)*
fianza de caución	*caution*
fianza de pago	*garantie de paiement*
fianza ordinaria	*garantie ordinaire*
fianza personal	*cautionnement personnel*
fianza pignoraticia	*cautionnement pignoratif*
fianza prendaria	*dépôt en gage*
fianza real	*garantie réelle*

fianza solidaria	*garantie solidaire*
fiar *(v. tr.)*	**cautionner** *(v. tr.)*
ficha *(f.)*	**fiche** *(f.)*
ficha contable	*fiche comptable*
fichero *(m.)*	**fichier** *(m.)*
fichero de informes	*fichier de renseignements*
fideicomisario *(m.)*	**fidéicommissaire** *(m.)*
fideicomiso *(m.)*	**fidéicommis** *(m.)*
fideicomiso activo	*fidéicommis actif*
~de fondos depositados	*~ avec dépôt de fonds*
fidelidad *(f.)*	**fidélité** *(f.)*
fiduciario *(a.)*	**fiduciaire** *(a.)*
fiel *(a.)*	**fidèle** *(a.)*
fijar *(v. tr.)*	**fixer** *(v. tr.)*
fijar el cambio	*fixer le prix*
fijar un plazo	*fixer un délai*
fijo *(a.)*	**fixe** *(a.)*
filiación *(f.)*	**filiation** *(f.)*
filtración *(f.)*	**filtration** *(f.)*
filtrar *(v. tr.)*	**filtrer** *(v. tr.et intr.)*
final *(a.)*	**final** *(a.)*
finalidad *(f.)*	**finalité** *(f.)*
finalizar *(v. tr.et intr.)*	**finir** *(v. intr.et tr.)*
financiación *(f.)*	**financement** *(m.)*
~a corto plazo	*financement à court terme*
~a largo plazo	*financement à long terme*
~ajena	*financement d'autrui*
~ de exportaciones	*~ des exportations*
~de inversiones	*~ des investissements*
financiamiento *(m.)*	**financement** *(m.)*
financiar *(v. tr.)*	**financer** *(v. tr.et intr.)*

financiero (*m.*)	**financier** (*m.*)
finanzas (*f. pl.*)	**finances** (*f.*)
finiquitar	**solder un compte**
firma (*f.*)	**signature** (*f.*)
firma autorizada	*signature autorisée*
firma conforme	*signature conforme*
firma conjunta	*signature conjointe*
firma en blanco	*blanc-seing*
firma social	*signature sociale*
firmante (*m. y f.*)	**signataire** (*a. et s.*)
firmar (*v. tr.*)	**signer** (*v. tr.*)
firmar en blanco	*signer en blanc*
firmar por poder	*signer un pouvoir*
fiscalización (*f.*)	**contrôle** (*m.*)
fiscalizar (*v. tr.*)	**contrôler** (*v. tr.*)
flexibilidad (*f.*)	**flexibilité** (*f.*)
flexible (*a.*)	**flexible** (*a.*)
flotación (*f.*)	**flottation** (*f.*)
flotante (*p. a. y a.*)	**flottant** (*a.*)
fluctuación (*f.*)	**fluctuation** (*f.*)
fluctuación de mercado	*fluctuation du marché*
fluctuación de precios	*fluctuation des prix*
fluctuante (*p. a.*)	**fluctuant** (*a.*)
fluctuar (*v. intr.*)	**fluctuer** (*v. intr.*)
flujo (*m.*)	**flux** (*m.*)
flujo de caja	*flux de l'encaisse*
flujo de dinero	*flux d'argent*
folleto (*m.*)	**brochure** (*f.*)
folleto de propaganda	*brochure de propagande*
fomentar (*v. tr.*)	**promouvoir** (*v. tr.*)
fondo (*m.*)	**fonds** (*m.*)

fondo consolidado | *fonds consolidé*
fondo de amortización | *fonds d´amortissement*
fondo de comercio | *fonds de commerce*
fondo de compensación | *fonds de compensation*
fondo de garantía | *fonds de garantie*
fondo de maniobra | *fonds de roulement*
fondo de reserva | *fonds de réserve*
fondos ajenos | *fonds externes*
fondos de inversión | *fonds d´investissement*
fondos públicos | *fonds publics*
forma *(f.)* | **forme** *(f.)*
formalidad *(f.)* | **formalité** *(f.)*
formalización *(f.)* | **formalisation** *(f.)*
formalizar *(v. tr.)* | **formaliser** *(v. tr.)*
formalmente *(adv.)* | **formellement** *(adv.)*
formato *(m.)* | **format** *(m.)*
formulación *(f.)* | **formulation** *(f.)*
formulario *(m.)* | **formulaire** *(m.)*
formulismo *(m.)* | **formalisme** *(m.)*
fortuna *(f.)* | **fortune** *(f.)*
fraccionamiento *(m.)* | **fractionnement** *(m.)*
fraccionario *(a.)* | **fractionnaire** *(a.)*
fraude *(m.)* | **fraude** *(f.)*
fraude a acreedores | *fraude à créanciers*
fraudulento *(a.)* | **frauduleux** *(a.)*
frecuencia *(f.)* | **fréquence** *(f.)*
frecuente *(a.)* | **fréquent** *(a.)*
frenar *(v. tr.)* | **freiner** *(v.tr. et intr.)*
fuerte *(a.)* | **fort** *(a.)*
funcionamiento *(m.)* | **fonctionnement** *(m.)*
funcionar *(v. intr.)* | **fonctionner** *(v. intr.)*

fundación (f.)	**fondation** (f.)
fundado (p. p.y a.)	**fondé** (a.)
fundador (m.)	**fondateur** (m.)
~de una sociedad	fondateur d'une société
fundamentación (f.)	**fondements** (m.)
fundamental (a.)	**fondamental** (a.)
fundamentar (v. tr.)	**fonder** (v. tr.)
fundamento (m.)	**fondement** (m.)
fundar (v. tr.)	**fonder** (v. tr.)
fungibles (a.)	**fongibles** (a.)
fusionar (v. tr.)	**fusionner** (v.intr.et tr.)
futuro (a. y m.)	**futur** (m. et a.)

ganador

Español	Francés
ganador (a., m.)	**gagnant** (a. and m.)
ganancia (f.)	**gain** (m.)
ganancia bruta	*produit brut*
ganancia de capital	*rendement de capital*
ganancia líquida	*bénéfice net*
ganancias (f. pl.)	**profits** (m.pl.)
ganancias brutas	*profits bruts*
~extraordinarias	*profits extraordinaires*
ganancias netas	*profits nets*
ganar (v. tr.)	**gagner** (v.tr.et intr.)
ganar clientes	*gagner des clients*
ganar dinero	*gagner de l'argent*
garante (a.y s.)	**garant** (a. et s.)
garantía (f.)	**garantie** (f.)
garantía absoluta	*garantie absolue*
garantía bancaria	*garantie bancaire*
garantía hipotecaria	*garantie hypothécaire*
garantía personal	*garantie personnelle*
garantía prendaria	*gage*
garantía real	*garantie réelle*
garantizado (a.)	**garanti** (a.)
garantizar (v. tr.)	**garantir** (v. tr.)
gastar (v. tr.)	**dépenser** (v. tr.)
gastos (m.pl.)	**dépenses** (f.pl.)
	frais (m.pl.)
gastos bancarios	*frais bancaires*
gastos de apertura	*frais d'établissement*

gastos de custodia	*frais de garde*
gastos de descuento	*frais d´escompte*
gastos de divisas	*frais de devises*
gastos de emisión	*frais d´émission*
gastos financieros	*frais financiers*
gastos generales	*frais généraux*
gastos indirectos	*frais indirects*
generar *(v. tr.)*	**engendrer** *(v. tr.)*
generoso *(a.)*	**généreux** *(a.)*
gerencia *(f.)*	**gérance** *(f.)*
gerente *(m.)*	**gérant** *(m.)*
gerente de banco	*gérant de banque*
gestión *(f.)*	**gestion** *(f.)*
gestión financiera	*gestion financière*
gestionar *(v. intr.)*	**négocier** *(v. intr.et tr.)*
gestor *(m.)*	**gérant** *(m.)*
girado *(a.)*	**tiré** *(m.et a.)*
girador *(m.)*	**tireur** *(m.)*
girar en descubierto	**tirer à découvert**
giro *(m.)*	**virement** *(m.)*
giro a la vista	*virement à vue*
giro bancario	*virement bancaire*
giro postal	*virement postal*
giro sin documentos	*virement sans documents*
global *(a.)*	**global** *(a.)*
globalizar *(v. tr.)*	**globaliser** *(v. tr.)*
globalmente *(adv.)*	**globalement** *(adv)*
glosar *(v. tr.)*	**gloser** *(v. intr.et tr.)*
grande *(a.)*	**grand** *(a.)*
gravamen *(m.)*	**charge** *(f.)*
gravoso *(a.)*	**onéreux** *(a.)*

haber

Español	Francés
haber *(m.)*	**avoir** *(m.)*
haberes *(m. pl.)*	**émoluments** *(m. pl.)*
habitual *(a.)*	**habituel** *(a.)*
hacer efectivo	**payer** *(v. intr.et tr.)*
hacer inventario	*faire l'inventaire*
hasta la fecha	**jusqu'à présent**
hipoteca *(f.)*	**hypothèque** *(f.)*
hipoteca amortizable	*hypothèque amortissable*
hipoteca garantizada	*hypothèque garantie*
hipoteca mobiliaria	*hypothèque mobilière*
hipotecable *(a.)*	**hypothécable** *(a.)*
hipotecado *(p. p. y a.)*	**hypothéqué** *(a.)*
hipotecar *(v. tr.)*	**hypothéquer** *(v. tr.)*
hipotecario *(a.)*	**hypothécaire** *(a.)*
hipótesis *(f.)*	**hypothèse** *(f.)*
holding *(m.)*	**holding** *(m.)*
honor *(m.)*	**honneur** *(m.)*
honorarios *(m. pl.)*	**honoraires** *(m.pl.)*
honra *(f.)*	**honneur** *(m.)*
honradez *(f.)*	**honnêteté** *(f.)*
honrado *(a.)*	**honnête** *(a.)*
hucha *(f.)*	**tirelire (f.)**
hundimiento *(m.)*	**effondrement** *(m.)*
hurto *(m.)*	**larcin** *(m.)*

identidad

Español	*Francés*
identidad *(f.)*	**identité** *(f.)*
identificar *(v. tr.)*	**identifier** *(v. tr.)*
igual *(a.)*	**égal** *(a.)*
igualación *(f.)*	**égalisation** *(f.)*
igualar *(v. tr.)*	**égaler** *(v.tr.)*
igualdad *(f)*	**égalité** *(f.)*
ilegal *(a.)*	**illégal** *(a.)*
ilegalidad *(f.)*	**illégalité** *(f.)*
ilegible *(a.)*	**illisible** *(a.)*
ilimitado *(a.)*	**illimité** *(a.)*
impagado *(a.)*	**impayé** *(a. et s.)*
impagar *(v. tr.)*	**impayer** *(v. tr.)*
impago *(a. y m.)*	**impayé** *(a. et s.)*
impedimento *(m.)*	**empêchement** *(m.)*
impedir *(v. tr.)*	**empêcher** *(v. tr.)*
imponente *(a. y s.)*	**déposant** *(a. et s.)*
imponer *(v. tr.)*	**imposer** *(v. tr.)*
imponible *(a.)*	**imposable** *(a.)*
importación *(f.)*	**importation** *(f.)*
importador *(a. y s.)*	**importateur** *(s. et a.)*
importante *(a.)*	**important** *(a.)*
importar *(v. tr. e intr.)*	**importer** *(v. intr.et tr.)*
importe *(m.)*	**montant** *(m.)*
importe autorizado	*prix autorisé*
importe bruto	*montant brut*
importe líquido	*montant minimum*
importe máximo	*montant brut*

importe mínimo	*montant minimum*
importe neto	*montant net*
importe nominal	*montant nominal*
imposición *(f.)*	**versement** *(m.)*
imposición a la vista	*versement à vue*
imposición a plazo fijo	*dépôt à terme*
~ a vencimiento fijo	*versement à terme*
impositor *(a. y s.)*	**déposant** *(a. et s.)*
imprevisto *(a.)*	**imprévu** *(a.)*
improcedente *(a.)*	**inadmissible** *(a.)*
improductivo *(a.)*	**improductif** *(a.)*
imprudencia *(f.)*	**imprudence** *(f.)*
imprudente *(a.)*	**imprudent** *(a.)*
impuesto *(m.)*	**impôt** *(m.)*
impulsar *(v. tr.)*	**pousser** *(v.intr.et tr.)*
	promouvoir *(v. tr.)*
inactividad *(f.)*	**inactivité** *(f.)*
inactivo *(a.)*	**inactif** *(a.)*
inadecuado *(a.)*	**inadéquat** *(a.)*
inadmisible *(a.)*	**inadmissible** *(a.)*
incentivo *(m.)*	**stimulant** *(m.)*
incentivos *(m. pl.)*	**incentives** *(m. pl.)*
incidencia *(f.)*	**incidence** *(f.)*
incierto *(a.)*	**incertain** *(a.)*
incluir *(v. tr.)*	**inclure** *(v. tr.)*
incobrable *(a.)*	**irrécouvrable** *(a.)*
incondicional *(a.)*	**inconditionnel** *(a.)*
inconsecuente *(a.)*	**inconséquent** *(a.)*
inconsistencia *(f.)*	**inconsistance** *(f.)*
incontrolable *(a.)*	**incontrôlable** *(a.)*
incontrovertible *(a.)*	**indiscutable** *(a.)*

incorporado (a.)	**incorporé** (a.)
incorrecto (a.)	**incorrect** (a.)
incorriente (a.)	**non courant**
incorruptible (a.)	**incorruptible** (a.)
incorrupto (a.)	**incorrompu** (a.)
incoterms (m. pl.)	**incoterms** (m.)
incrementar (v. tr.)	**augmenter** (v.intr.et tr.)
incremento (m.)	**augmentation** (f.)
incremento de capital	*augmentation de capital*
incuestionable (a.)	**incontestable** (a.)
incumbencia (f.)	**juridiction** (f.)
incumplimiento	**non-accomplissement**
~ de obligaciones	*~d'obligations*
incumplimiento de pago	*non-exécution de paiement*
incumplir (v. tr.)	**faillir** (v. tr.)
indebidamente (adv.)	**indûment** (adv.)
indebido (a.)	**indu** (a.)
indeciso (a.)	**indécis** (a.)
indefinido (a.)	**indéfini** (a.)
indemnizable (a.)	**indemnisable** (a.)
indemnización (f.)	**indemnisation** (f.)
indemnizado (a.)	**indemnisé** (a.)
indemnizar (v. tr.)	**indemniser** (v. tr.)
indeterminado (a.)	**indéterminé** (a.)
indicadores (m.)	**indicateurs** (m.)
~económicos	*avertisseurs économiques*
indicar (v. tr.)	**indiquer** (v. tr.)
índice (m.)	**index** (m.)
índice bursátil	*indice boursier*
índice de precios	*indice de prix*
índice de producción	*indice de production*

Español - Francés

índice dow Jones | *indice Dow Jones*
indirecto *(a.)* | **indirect** *(a.)*
indiscutible *(a.)* | **indiscutable** *(a.)*
indisoluble *(a.)* | **indissoluble** *(a.)*
indisponibilidad *(f.)* | **indisponibilité** *(f.)*
indistinto *(a.)* | **indistinct** *(a.)*
individualización *(f.)* | **individualisation** *(f.)*
individuo *(m.)* | **individu** *(m.)*
indomiciliación *(f.)* | **indomiciliation** *(f.)*
indudable *(a.)* | **indubitable** *(a.)*
industria *(f.)* | **industrie** *(f.)*
industrial *(a.)* | **industriel** *(a.)*
industrialización *(f.)* | **industrialisation** *(f.)*
ineficacia *(f.)* | **inefficacité** *(f.)*
inembargabilidad *(f.)* | **insaisissabilité** *(f.)*
inequívoco *(a.)* | **indubitable** *(a.)*
inercia *(f.)* | **inertie** *(f.)*
inesperado *(a.)* | **inespéré** *(a.)*
inestabilidad *(f.)* | **instabilité** *(f.)*
~económica | *instabilité économique*
inestimable *(a.)* | **inestimable** *(a.)*
inevitable *(a.)* | **inévitable** *(a.)*
inexacto *(a.)* | **inexact** *(a.)*
inexigible *(a.)* | **inexigible** *(a.)*
inexistente *(a.)* | **inexistant** *(a.)*
inexperiencia *(f.)* | **inexpérience** *(f.)*
infalsificable *(a.)* | **infalsifiable** *(a.)*
inferior *(a.)* | **inférieur** *(a.)*
inflación *(f.)* | **inflation** *(f.)*
inflación contenida | *inflation réprimé*
inflación de costes | *inflation de coûts*

inflación encubierta	*inflation cachée*
inflación estructural	*inflation structurelle*
inflación galopante	*inflation galopante*
inflación lenta	*inflation lente*
inflación moderada	*inflation modérée*
inflación monetaria	*inflation monétaire*
inflacionario *(a.)*	**inflationniste** *(a.)*
inflacionista *(a.)*	**inflationniste** *(a.)*
influir *(v. tr.)*	**influer** *(v. intr.)*
información *(f.)*	**information** *(f.)*
información económica	*information économique*
información favorable	*information favorable*
informador *(m.)*	**informateur** *(m.)*
informalidad *(f.)*	**manque de sérieux**
informar *(v. tr.)*	**informer** *(v. tr.et intr.)*
informática *(f.)*	**informatique** *(f.)*
informe *(m.)*	**rapport** *(m.)*
informe anual	*rapport annuel*
informe bursátil	*rapport boursier*
informe confidencial	*rapport confidentiel*
informe de auditoría	*rapport d´expert*
informe de mercados	*rapport de marketing*
informe financiero	*rapport financier*
informe pericial	*rapport d´expert*
informes de crédito	*rapports de crédit*
infraestructura *(f.)*	**infrastructure** *(f.)*
infrascrito *(a. y s.)*	**soussigné** *(a.)*
infravalorar *(v. tr.)*	**sous-évaluer** *(v. tr.)*
infrecuente *(a.)*	**inhabituel** *(a.)*
ingresar *(v. intr. y tr.)*	**déposer** *(v. tr.et intr.)*
ingresar dinero	*rentrer de l'argent*

ingreso *(m.)*	**recette** *(f.)*
ingreso en caja	*encaissement*
ingresos *(m. pl.)*	**recettes** *(f. pl.)*
ingresos brutos	*recettes brutes*
ingresos netos	*recettes nettes*
iniciación *(f.)*	**initiation** *(f.)*
iniciar *(v. tr.)*	**initier** *(v. tr.)*
iniciativa privada	**initiative privée**
inicio *(m.)*	**début** *(m.)*
inmovilización *(f.)*	**immobilisation** *(f.)*
inmovilizaciones *(f. pl)*	**immobilisations** *(f. pl.)*
inmovilizado *(a.)*	**immobilisé** *(a.)*
inmovilizar *(v. tr.)*	**immobiliser** *(v. tr.)*
innegociable *(a.)*	**innégociable** *(a.)*
inquietar *(v. tr.)*	**inquiéter** *(v. tr.)*
inquietud *(f.)*	**inquiétude** *(f.)*
inscribible *(a.)*	**inscriptible** *(a.)*
inscripción *(f.)*	**inscription** *(f.)*
inseguridad *(f.)*	**insécurité** *(f.)*
insinuación *(f.)*	**insinuation** *(f.)*
insinuar *(v. tr.)*	**insinuer** *(v. tr.)*
insolvencia *(f.)*	**insolvabilité** *(f.)*
insolvencia permanente	*insolvabilité permanente*
insolvencia transitoria	*insolvabilité transitoire*
insolvente *(a.)*	**insolvable** *(a.)*
insostenible *(a.)*	**insoutenable** *(a.)*
inspeccionar *(v. tr.)*	**inspecter** *(v. tr.)*
instar *(v. tr.)*	**insister** *(v. intr.)*
institución *(f.)*	**institution** *(f.)*
institucional *(a.)*	**institutionnel** *(a.)*
instrucciones *(f. pl.)*	**instructions** *(f. pl.)*

instrumentación *(f.)*	**instrumentation** *(f.)*
instrumento *(m.)*	**instrument** *(m.)*
insuficiente *(a.)*	**insuffisant** *(a.)*
intachable *(a.)*	**irréprochable** *(a.)*
integración *(f.)*	**intégration** *(f.)*
integral *(a.)*	**intégral** *(a.)*
íntegro *(a.)*	**intègre** *(a.)*
intensificación *(f.)*	**intensification** *(f.)*
intensificar *(v. tr.)*	**intensifier** *(v. tr.)*
intensivo *(a.)*	**intensif** *(a.)*
intentar *(v. tr.)*	**tenter** *(v. tr.et intr.)*
interbancario *(a.)*	**interbancaire** *(a.)*
interceder *(v. intr.)*	**intercéder** *(v. intr.)*
interés *(m.)*	**intérêt** *(m.)*
interés a cobrar	*intérêt à recevoir*
interés a corto plazo	*intérêt à court terme*
interés a largo plazo	*intérêt à long terme*
interés a pagar	*intérêt à payer*
interés acreedor	*intérêt créancier*
interés bruto	*intérêt brut*
interés compuesto	*intérêt composé*
interés corriente	*intérêt courant*
interés de demora	*intérêt moratoire*
interés de usura	*intérêt d'usure*
interés deudor	*intérêt débiteur*
interés efectivo	*intérêt effectif*
interés fijo	*intérêt fixe*
interés hipotecario	*intérêt hypothécaire*
interés ilegal	*intérêt illégal*
interés legal	*intérêt légal*
interés lícito	*intérêt licite*

interés nacional	*intérêt national*
interés neto	*intérêt net*
interés público	*intérêt public*
interesado *(a. y s.)*	**intéressé** *(a. et s.)*
intereses *(m. pl.)*	**intérêts** *(m. pl.)*
intereses abonados	*intérêts crédités*
intereses acreedores	*intérêts créditeurs*
intereses atrasados	*intérêts en retard*
intereses corridos	*intérêts courus*
intereses de demora	*intérêts moratoires*
intereses deudores	*intérêts débiteurs*
intereses diferidos	*intérêts différés*
intereses ganados	*intérêts gagnés*
intereses pagados	*intérêts payés*
intereses vencidos	*intérêts échus*
intermediación *(f.)*	**intermédiation** *(f.)*
intermediar *(v. intr.)*	**intervenir** *(v. intr.)*
intermediario *(a. y s.)*	**intermédiaire** *(a. et s.)*
internacional *(a.)*	**international** *(a.)*
interrogación *(f.)*	**interrogation** *(f.)*
interrogante *(a.)*	**interrogation** *(f.)*
interrumpir *(v. tr.)*	**interrompre** *(v. tr.)*
interrupción *(f.)*	**interruption** *(f.)*
intervención *(f.)*	**contrôle** *(m.)*
intervención de cuentas	*contrôle de comptes*
intervencionismo *(m.)*	**interventionnisme** *(m.)*
intervencionista *(a.)*	**interventionniste** *(a.)*
intervenido *(p. p. y a.)*	**intervenu** *(a.)*
intervenir *(v. intr.)*	**intervenir** *(v. intr.)*
interventor *(a. y s.)*	**inspecteur** *(m.)*
interventor de cuentas	*auditeur*

interviniente *(a.)*	**intervenant** *(a.)*
intimación de pago	**sommation d'avoir à payer**
intransmisible *(a.)*	**intransmissible** *(a.)*
intrusismo *(m.)*	**intrusion** *(f.)*
intrusismo profesional	*intrusion professionnelle*
invalidación *(f.)*	**invalidation** *(f.)*
invalidado *(a.)*	**invalidé** *(a.)*
invalidar *(v. tr.)*	**invalider** *(v. tr.)*
inválido *(a. y s.)*	**invalide** *(a. et s.)*
invendible *(a.)*	**invendable** *(a.)*
inventariar *(v. tr.)*	**inventorier** *(v. tr.)*
inventario *(m.)*	**inventaire** *(m.)*
inventario final	*inventaire final*
inversión *(f.)*	**investissement** *(m.)*
	placement *(m.)*
inversión a corto plazo	*placement à court terme*
inversión a largo plazo	*placement à long terme*
inversión de capital	*placement de capital*
inversión de valores	*investissement mobilier*
inversión directa	*investissement direct*
inversión en valores	*~ en valeurs mobilières*
inversión financiera	*placement financier*
inversión neta	*investissement net*
inversión real	*placement réel*
inversión segura	*placement sûr*
inversiones *(f. pl.)*	**investissements** *(m. pl.)*
~a largo plazo	*~ à long terme*
inversiones de cartera	*~ de portefeuille*
inversiones directas	*investissements directs*
inversiones extranjeras	*investissements étrangers*
inversionista *(m. y f.)*	**bailleur de fonds**

inversor *(a. y s.)*	**investisseur** *(s. et a.)*
invertido *(a., y p.p.)*	**investi** *(a.)*
investigación *(f.)*	**investigation** *(f.)*
~de mercado	*investigation de marché*
investigar *(v. tr.)*	**rechercher** *(v. tr.)*
irrecuperable *(a.)*	**irrécouvrable** *(a.)*
irregular *(a.)*	**irrégulier** *(a.)*
irremisible *(a.)*	**irrémissible** *(a.)*
irreparable *(a.)*	**irréparable** *(a.)*
irrisorio *(a.)*	**dérisoire** *(a.)*

jefe

Español

Francés

jefe *(m.)*
jefe de contabilidad
jefe de créditos
jefe de departamento
jefe de oficina
jefe de personal
jefe de producción
jefe de publicidad
jefe de sección
jefe de sucursal
jornal *(m.)*
jugar *(v. intr.)*
jugar a la baja
jugar al alza
junta *(f.)*
junta de accionistas
junta de acreedores
junta extraordinaria
~ general de accionistas
junta ordinaria
junta universal
jurídicamente *(adv.)*
jurídico *(a.)*
jurisconsulto *(m.)*
justamente *(adv.)*
justicia *(f.)*
justificación *(f.)*

chef *(m.)*
chef de comptabilité
chef de crédits
chef de département
chef de bureau
chef du personnel
chef de la production
chef de publicité
chef de rayon
chef de succursale
salaire *(m.)*
jouer *(v. intr.et intr.)*
jouer à la baisse
jouer à la hausse
assemblée *(f.)*
assemblée d´actionnaires
assemblée de créditeurs
assemblée extraordinaire
~ générale d´actionnaires
assemblée ordinaire
assemblée universelle
juridiquement *(adv.)*
juridique *(a.)*
jurisconsulte *(m.)*
justement *(adv.)*
justice *(f.)*
justification *(f.)*

justificado *(p. p. y a.)*   **justifié** *(a.)*
justificante *(m.)*   **justificatif** *(a.et m.)*
justificante de caja   *justificatif de caisse*
justificar *(v. tr.e intr.)*   **justifier** *(v. tr.)*
justiprecio *(m.)*   **évaluation** *(f.)*
justo *(a.)*   **juste** *(a.)*

ladrón

Español

ladrón *(a. y s.)*
largo plazo
leer *(v. tr.)*
legal *(a.)*
legalidad *(f.)*
legalista *(a. y s.)*
legalización *(f.)*
legalizar *(v. tr.)*
legalizar una firma
legalmente *(adv.)*
legislación *(f.)*
legislación bancaria
legislación financiera
legitimidad *(f.)*
letra *(f.)*
~a fecha fija
~a la vista
~a largo plazo
~a sesenta días fecha
~a sesenta días vista
~a tantos días fecha
~a tantos días vista
letra aceptada
letra avalada
letra bancable
letra bancaria
letra comercial

Francés

voleur *(m.)*
long terme
lire *(v. tr./v.intr.)*
légal *(a.)*
légalité *(f.)*
légaliste *(a. et s.)*
légalisation *(f.)*
légaliser *(v. tr.)*
certifier une signature
légalement *(adv.)*
législation *(f.)*
législation bancaire
législation financière
légitimité *(f.)*
lettre de change *(f.)*
~à date fixe
~à vue
~à long terme
~à 60 jours de date
~à 60 jours de vue
~à tant de jours de date
~à tant de jours de vue
lettre de change acceptée
lettre de change avalée
lettre de change bancable
lettre de change bancaire
~commerciale

letra con interés	~avec intérêt
letra de cambio	lettre de change
letra de garantía	lettre de garantie
letra de resaca	lettre retraite
letra documentaria	lettre documentaire
letra domiciliada	lettre domiciliée
letra en divisas	lettre acceptée en devise
letra exterior	lettre extérieure
letra financiera	lettre financière
letra impagada	lettre non payée
letra interior	lettre intérieure
letra pagada	lettre payée
letra protestada	lettre protestée
letras a cobrar	lettres à recevoir
letras a pagar	lettres à payer
letras del tesoro	lettres du Trésor
letras descontadas	lettres escomptées
ley *(f.)*	*loi (f.)*
ley cambiaria	loi cambiaire
ley presupuestaria	loi budgétaire
liberalidad *(f.)*	**libéralité** *(f.)*
liberalismo *(m.)*	**libéralisme** *(m.)*
liberalización *(f.)*	**libéralisation** *(f.)*
liberalizar *(v. tr.)*	**libéraliser** *(v. tr.)*
libra *(f.)*	**livre** *(m. et f.)*
librado *(m.)*	**tiré** *(m.et a.)*
librador *(m.)*	**tireur** *(m.)*
libramiento *(m.)*	**tirage** *(m.)*
libramiento de fondos	délivrance de fonds
libranza *(f.)*	**tirage** *(m.)*
librar *(v. tr.)*	**tirer** *(v. tr.et intr.)*

librar un cheque	*tirer un chèque*
libreta bancaria *(f.)*	**livret bancaire** *(m.)*
libreta de ahorros	*livret d'épargne*
libro *(m.)*	**livre** *(m. et f.)*
libro borrador	*brouillon (m.)*
libro de acciones	*livre d'actions*
libro de balances	*livre de bilans*
libro de caja	*livre de caisse*
~de cuentas corrientes	*livre de comptes*
libro de vencimientos	*échéancier*
libro mayor	*grand livre*
libros de caja	*livre de caisse*
libros de contabilidad	*livres de comptabilité*
licitador *(m.)*	**enchérisseur** *(m.)*
licitante *(m. y f.)*	**enchérisseur** *(m.)*
licitar *(v. tr.)*	**enchérir** *(v. intr.)*
limitación *(f.)*	**limitation** *(f.)*
limitada *(p. p.y a.)*	**limitée** *(a.)*
limitar *(v. tr.)*	**limiter** *(v. tr.)*
límite *(m.)*	**limite** *(f.)*
límite de cambio	*plafond de change*
línea *(f.)*	**ligne** *(f.)*
línea de crédito	*ligne de crédit*
liquidación *(f.)*	**liquidation** *(f.)*
liquidado *(a.)*	**liquidé** *(a.)*
liquidador *(m.)*	**liquidateur** *(m.)*
liquidador de la quiebra	*liquidateur de la faillite*
liquidar *(v. tr.)*	**liquider** *(v. tr.)*
liquidar cuentas	*arrêter les comptes*
liquidar una deuda	*liquider une dette*
liquidez *(f.)*	**liquidité** *(f.)*

lista *(f.)*	**liste** *(f.)*
lista de cambios	*liste de changes*
literal *(a.)*	**littéral** *(a.)*
localidad *(f.)*	**localité** *(f.)*
lockout *(m.)*	**lock-out** *(m.)*
lógica *(f.)*	**logique** *(f.)*
lograr *(v. tr.)*	**obtenir** *(v. tr.)*
logro *(m.)*	**obtention** *(f.)*
lonja *(f.)*	**bourse de marchandises**
lote *(m.)*	**lot** *(m.)*
lote de acciones	*lot d'actions*
lucrativo *(a.)*	**lucratif** *(a.)*

llamar

Español

llamar (v. tr.)
llegar (v. tr.)
llenar un formulario
llevar a efecto

Francés

appeler (v. tr.)
arriver (v. intr.)
remplir un formulaire
mettre à exécution

macroeconomía

Español	Francés
macroeconomía *(f.)*	**macro-économie** *(f.)*
magnitud *(f.)*	**grandeur** *(f.)*
mala acción	**méfait** *(m.)*
mala fe	**mauvaise foi**
malbaratar *(v. tr.)*	**gaspiller** *(v. intr.)*
malgastar *(v. tr.)*	**gaspiller** *(v. intr.)*
malversación *(f.)*	**malversation** *(f.)*
malversador *(m.)*	**concussionnaire** *(m.)*
mancomunadamente	**conjointement** *(adv.)*
mancomunado *(a.)*	**conjoint** *(a. et s.)*
mandamiento *(m.)*	**mandement** *(m.)*
mandamiento de pago	*injonction de payer*
mandante *(m. y f.)*	**mandant** *(m.)*
mandar *(v. tr.)*	**commander** *(v.tr.et intr.)*
mandatario *(m.)*	**mandataire** *(m.)*
mandato *(m.)*	**commandement** *(m.)*
mandato de pago	*injonction de payer*
mandos inferiores	**cadres inférieurs**
mandos intermedios	*agents de maîtrise*
mandos superiores	*cadres supérieurs*
mantener *(v. tr.)*	**maintenir** *(v. tr.)*
mantenimiento *(m.)*	**entretien** *(m.)*
mañana *(adv. y f.)*	**demain** *(adv.)* **matin** *(m.)*
marca *(f.)*	**marque** *(f.)*
margen *(m.)*	**marge** *(f.)*
margen comercial	*marge de bénéfice*

margen de beneficio	*marge de bénéfice*
máximo *(m.)*	**maximum** *(m.)*
mayor *(a.)*	**plus grand** *(a.)*
mayorista *(m.)*	**commerçant en gros**
media *(f.)*	**moyenne** *(f.)*
media ponderada	*moyenne pondérée*
mediación *(f.)*	**médiation** *(f.)*
mediador *(m.)*	**médiateur** *(m.)*
medio *(m.)*	**moyen** *(m.)*
medio de cambio	*moyen de change*
medio de comunicación	*moyen de communication*
medios de pagos	*moyens de paiement*
medrar *(v. intr.)*	**prospérer** *(v.intr.)*
mejor *(a.)*	**meilleur** *(a.)*
mejora *(f.)*	**amélioration** *(f.)*
mejoramiento *(m.)*	
mejorar *(v. tr.e intr.)*	**améliorer** *(v. tr.)*
mejoría *(f.)*	**amélioration** *(f.)*
memoria *(f.)*	**mémoire** *(f.)*
memoria anual	*rapport annuel*
menor de edad	**mineur** *(a. et s.)*
mensual *(a.)*	**mensuel** *(a.)*
mensualidad *(f.)*	**mensualité** *(f.)*
mercaderías *(f. pl.)*	**marchandises** *(f. pl.)*
mercado *(m.)*	**marché** *(m.)*
mercado a plazos	*marché à terme*
mercado abierto	*marché ouvert*
mercado activo	*marché actif*
mercado al contado	*marché au comptant*
mercado alcista	*marché à la hausse*
mercado átono	*marché atone*

mercado bajista	marché à la baisse
mercado bursátil	marché boursier
mercado cambiario	marché cambiaire
mercado controlado	marché contrôlé
mercado crediticio	marché de crédit
mercado de cambios	marché des changes
mercado de capitales	marché de capitaux
mercado de dinero	marché d'argent
mercado de divisas	marché de devises
~de obligaciones	marché d´obligations
mercado de valores	marché des valeurs
mercado desanimado	marché découragé
mercado especulativo	marché spéculatif
mercado exterior	marché extérieur
mercado favorable	marché favorable
mercado firme	marché firme
mercado fuerte	marché fort
mercado hipotecario	marché hypothécaire
mercado inestable	marché instable
mercado interbancario	marché interbancaire
mercado interior	marché intérieur
mercado internacional	marché international
mercado libre	marché libre
mercado monetario	marché monétaire
mercado mundial	marché mondial
mercado negro	marché noir
mercado oficial	marché officiel
mercado paralelo	marché parallèle
mercado perfecto	marché parfait
mercado potencial	marché potentiel
mercado secundario	marché secondaire

mercantil (a.)	commercial (a.)
mercantilismo (m.)	mercantilisme (m.)
mercantilista (s.)	mercantiliste (s.)
mermar (v. tr.)	diminuer (v. tr.et intr.)
mes (m.)	mois (m.)
meta (f.)	objectif (m. et a.)
metálico (a.)	espèces (f.et a.)
microeconomía (f.)	micro-économie (f.)
miedo (m.)	peur (f.)
minoración (f.)	minoration (f.)
minorar (v. tr.)	minorer (v. tr.)
minoría (f.)	minorité (f.)
minorista (m.)	commerçant au détail
minoritario (a.)	minoritaire (a.)
minucia (f.)	minutie (f.)
minuta (f.)	minute (f.)
moda (f.)	mode (f.)
moderación (f.)	modération (f.)
moderado (a.)	modéré (a.)
moderar (v. tr.)	modérer (v. tr.)
modernización (f.)	modernisation (f.)
módico (a.)	modique (a.)
modificación (f.)	modification (f.)
modificar (v. tr.)	modifier (v. tr.)
modo de financiación	**moyen de financement**
modo de pago	*moyen de paiement*
momento (m.)	moment (m.)
moneda (f.)	monnaie (f.)
moneda blanda	*monnaie faible*
moneda convertible	*monnaie convertible*
moneda de cobre	*monnaie de cuivre*

moneda de curso legal	*monnaie de cours légal*
moneda de oro	*monnaie d'or*
moneda de plata	*monnaie d'argent*
moneda débil	*monnaie faible*
moneda depreciada	*monnaie dépréciée*
moneda devaluada	*monnaie dévaluée*
moneda estable	*monnaie stable*
moneda extranjera	*monnaie étrangère*
moneda falsa	*fausse monnaie*
moneda fiduciaria	*monnaie fiduciaire*
moneda fraccionaria	*monnaie divisionnaire*
moneda fuerte	*monnaie forte*
moneda metálica	*monnaie métallique*
moneda nacional	*monnaie nationale*
moneda supervalorada	*monnaie surévaluée*
monetaria *(a.)*	**monétaire** *(a.)*
monetarista *(m.)*	**monétariste** *(m.)*
monetización *(f.)*	**monétisation** *(f.)*
monopolio *(m.)*	**monopole** *(m.)*
monopolio comercial	*monopole commercial*
monopolista *(m.)*	**monopoliste** *(m.)*
monte de piedad	**monts de piété**
mora *(f.)*	*demeure (f.)*
	retard (m.)
morosidad *(f.)*	*retard (m.)*
moroso *(a.)*	**négligent** *(a.)*
mostrador *(s.)*	**comptoir** *(m.)*
mover *(v. tr.e intr.)*	**mouvoir** *(v. tr.et intr.)*
movimiento *(m.)*	**mouvement** *(m.)*
movimientos de capital	*mouvement de capital*
mucho *(a.)*	**beaucoup** *(a.)*

multa *(f.)*	**amende** *(f.)*
multinacional *(a.)*	**multinational** *(a.)*
múltiple *(a.)*	**multiple** *(a.)*
multiplicación *(f.)*	**multiplication** *(f.)*
multiplicado *(a.)*	**multiplié** *(a.)*
multiplicador *(m.)*	**multiplicateur** *(m.)*
multiplicar *(v. tr.)*	**multiplier** *(v. tr.)*
mundial *(a.)*	**mondial** *(a.)*
mutuamente *(adv.)*	**mutuellement** *(adv.)*
mutuo *(a.)*	**mutuel** *(a.)*
mutuo consenso	*consentement mutuel*

nación

Español

Francés

nación *(f.)*
nacional *(a.)*
nacionalización *(f.)*
nacionalizar *(v. tr.)*
nadar en dinero
necesario *(a.)*
necesidad *(f.)*
negación *(f.)*
negar el crédito
negativa *(f.)*
negatorio *(a.)*
negligencia *(f.)*
negociable *(a.)*
negociación *(f.)*

negociado *(a. y m.)*

negociador *(s.)*
negociar *(v. intr.)*
negocio *(m.)*
neto *(a.)*
neutral *(a.)*
ninguno *(pron.)*
nivel *(m.)*
nivel de cotizaciones
nivel de precios
nivelación *(f.)*
nivelar *(v. tr.)*

nation *(f.)*
national *(a.)*
nationalisation *(f.)*
nationaliser *(v. tr.)*
nager dans l'argent
nécessaire *(a.)*
nécessité *(f.)*
négation *(f.)*
refuser le crédit
négative *(f.)*
négatoire *(a.)*
négligence *(f.)*
négociable *(a.)*
négociation *(f.)*
négocié *(a.)*
bureau *(m.)*
négociateur *(s.)*
négocier *(v. intr.et tr.)*
affaire *(f.)*
net *(a.)*
neutre *(a.)*
aucun *(pron.)*
niveau *(m.)*
niveau de cotisation
niveau des prix
nivelation *(f.)*
niveler *(v. tr.)*

nombre comercial	**nom commercial**
nomenclatura (f.)	**nomenclature** (f.)
nominal (a.)	**nominal** (a.)
nominativo (a.)	**nominatif** (a.)
norma (f.)	**norme** (f.)
normal (a.)	**normal** (a.)
normalidad (f.)	**normalité** (f.)
normalizar (v. tr.)	**normaliser** (v. tr.)
normas (f. pl.)	**normes** (f. pl.)
normativa (f.)	**normative** (f.)
nota (f.)	**note** (f.)
nota de abono	*note d'abonnement*
nota de cargo	*note de débit*
nota de liquidación	*note de liquidation*
notaría (f.)	**étude de notaire**
notarial (a.)	**notarial** (a.)
noticia (f.)	**nouvelle** (a. et f.)
notificación (f.)	**notification** (f.)
notificar (v. tr.)	**notifier** (v. tr.)
notificar un protesto	*signifier un protêt*
nuevo (a.)	**neuf** (a.)
nulidad (f.)	**nullité** (f.)
nulo (a.)	**nul** (a.)
numerar (v. tr.)	**numéroter** (v. tr.)
número (m.)	**numéro** (m.)

objetivo

Español	Francés
objetivo *(a. y s.)*	**objectif** *(m. et a.)*
obligación *(f.)*	**obligation** *(f.)*
obligación a corto plazo	*obligation à court terme*
obligación al portador	*obligation au porteur*
obligación amortizable	*obligation amortissable*
obligación convertible	*obligation convertible*
obligación de pago	*obligation de paiement*
obligación garantizada	*obligation garantie*
obligación hipotecaria	*obligation hypothécaire*
~incondicional	*obligation inconditionnelle*
~mancomunada	*obligation conjointe*
~no amortizable	*obligation non amortissable*
obligación nominativa	*obligation nominative*
obligación perpetua	*obligation perpétuelle*
obligación preferente	*obligation préfèrent*
obligaciones *(f. pl.)*	**obligations** *(f. pl.)*
~a corto plazo	*obligations à court terme*
~convertibles	*obligations convertibles*
~del comprador	*obligations de l'acheteur*
~del vendedor	*obligations du vendeur*
~diferidas	*obligations différées*
~financieras	*obligations financières*
obligacionista *(m.y f.)*	**obligataire** *(m.et f.)*
obligado a pagar	**obligé à payer**
obligar *(v. tr.)*	**obliger** *(v. tr.)*
obligatorio *(a.)*	**obligatoire** *(a.)*
obrar *(v. tr.)*	**agir** *(v.intr.)*

obrar en calidad de	*agir en qualité de*
obstaculizar *(v. tr.)*	**entraver** *(v. tr.)*
obstruir *(v. tr.)*	**entraver** *(v. tr.)*
obtención *(f.)*	**obtention** *(f.)*
obtener *(v.tr.)*	**obtenir** *(v. tr.)*
obtener beneficios	*obtenir bénéfices*
obvio *(a.)*	**évident** *(a.)*
ocasión *(f.)*	**occasion** *(f.)*
ocasionar *(v. tr.)*	**occasionner** *(v. tr.)*
ocasionar gastos	*occasionner des frais*
ocasionar pérdidas	*occasionner des pertes*
ocultación *(f.)*	**dissimulation**
ocultación de beneficios	*~de bénéfices*
ocultamiento *(m.)*	**dissimulation** *(f.)*
ocurrir *(v. intr.)*	**arriver** *(v. intr.)*
oferta *(f.)*	**offre** *(f.)*
oferta a bajo precio	*dumping*
oferta del capital	*offre de capital*
oferta monetaria	*offre monétaire*
ofertar *(v. tr.)*	**offrir** *(v. tr.)*
oficial *(a.)*	**officiel** *(a.)*
oficina *(f.)*	**bureau** *(m.)*
oficina bancaria	*bureau bancaire*
oficina de cambio	*bureau de change*
oficinista *(m. f.)*	**employé de bureau**
oficiosa *(a.)*	**officieuse** *(a.)*
oficiosamente *(adv.)*	**officieusement** *(adv.)*
ofrecer *(v. tr.)*	**offrir** *(v. tr.)*
ofrecimiento *(m.)*	**offre** *(f.)*
olvidar *(v. tr.)*	**oublier** *(v. tr.)*
olvido *(m.)*	**oubli** *(m.)*

omisión *(f.)*	**omission** *(f.)*
oneroso *(a.)*	**onéreux** *(a.)*
opción *(f.)*	**option** *(f.)*
opción de compra	*option d'achat*
opcional *(a.)*	**optionnel** *(a.)*
operación *(f.)*	**opération** *(f.)*
operación a plazo	*opération à terme*
operación al contado	*opération au comptant*
operación bancaria	*opération bancaire*
operación bursátil	*opération boursière*
operación comercial	*opération commerciale*
operación de bolsa	*opération de bourse*
~de bolsa a plazo	*~boursière à terme*
operación de cambio	*opération de change*
~de compensación	*~de compensation*
operación de contado	*opération au comptant*
operación de crédito	*opération de crédit*
operación de descuento	*opération d'escompte*
operación en camino	*opération en transit*
operación invisible	*opération invisible*
operación respaldada	*opération garantie*
operación visible	*opération visible*
operaciones activas	**opérations actives**
operaciones bancarias	*opérations bancaires*
operaciones de crédito	*opérations de crédit*
~de depósito	*opérations de dépôt*
operar *(v. tr.)*	**opérer** *(v. tr.et intr.)*
operativo *(a.)*	**opérant** *(a.)*
opinar *(v. intr.)*	**considérer** *(v. tr.)*
opinión *(f.)*	**opinion** *(f.)*
oportunidad *(f.)*	**occasion** *(f.)*

optativo *(a.)*	**optatif** *(a.)*
optimismo *(m.)*	**optimisme** *(m.)*
óptimo *(a.)*	**excellent** *(a.)*
orden *(f.)*	**ordre** *(m.)*
orden bursátil	*ordre boursier*
orden de abono	*ordre de crédit*
orden de bolsa limitada	*ordre à cours limité*
orden de cobro	*ordre d'encaissement*
orden de giro	*mandat de virement*
orden de giro postal	*mandat postal*
orden de pago	*mandat de paiement*
orden limitada	*ordre limité*
ordenamiento *(m.)*	**ordonnance** *(f.)*
ordenar *(v. tr.)*	**ordonner** *(v. tr.)*
ordinaria *(a.)*	**ordinaire** *(a.)*
organismo *(m.)*	**organisme** *(m.)*
organización *(f.)*	**organisation** *(f.)*
organizar *(v. tr.)*	**organiser** *(v. tr.)*
orientación *(f.)*	**orientation** *(f.)*
orientar *(v. tr.)*	**orienter** *(v. tr.)*
origen *(m.)*	**origine** *(f.)*
original *(a. y s.)*	**original** *(m. et a.)*
oro *(m.)*	**or** *(m.)*
oscilación *(f.)*	**oscillation** *(f.)*
oscilación del mercado	*oscillation du marché*
oscilante *(p. a.)*	**oscillant** *(a.)*
oscilar *(v. intr.)*	**osciller** *(v. intr.)*
oscilatorio *(a.)*	**oscillatoire** *(a.)*
otorgar *(v. tr.)*	**octroyer** *(v. tr.)*
otorgar un contrato	*octroyer un contrat*
otorgar un crédito	*concéder un crédit*

otorgar un empréstito   *concéder un prêt*

pacto

Español	Francés
pacto (m.)	**pacte** (m.)
paga (f.)	**paie** (f.)
pagable (a.)	**payable** (a.)
pagadero (a.)	**payable** (a.)
pagadero a la orden	payable à l'ordre
pagadero a la vista	payable à vue
pagadero al contado	payable au comptant
pagadero al portador	payable au porteur
pagadero por cheque	payable par chèque
pagado (p. p.)	**payé** (a.)
pagador (a. y s.)	**payeur** (m. et a.)
pagador moroso	payeur mis en demeure
pagador puntual	payeur ponctuel
pagar (v. tr.)	**payer** (v. intr.et tr.)
pagar a cuenta	payer acompte
pagar a plazos	payer à terme
pagar adelantado	payer en avance
pagar al contado	payer au comptant
pagar con un cheque	payer par chèque
pagar en efectivo	payer en espèces
pagar por adelantado	payer en avance
pagar puntualmente	payer ponctuellement
pagar un anticipo	payer acompte
pagar un cheque	payer un chèque
pagar una letra	~une lettre de change
pagaré (m.)	**billet à l'ordre**
pagaré a la vista	billet à vue

página *(f.)*   **page** *(f.)*
pago *(m.)*   **paiement** *(m.)*

pago a cuenta	*paiement en acompte*
pago a la vista	*paiement à vue*
pago a plazo	*paiement à crédit*
pago a plazos	*paiement à terme*
pago a reembolso	*~ contre remboursement*
pago adelantado	*paiement anticipé*
pago adicional	*paiement additionnel*
pago al contado	*paiement comptant*
pago anticipado	*paiement anticipé*
pago aplazado	*paiement différé*
~contra documentos	*paiement contre documents*
pago de deudas	*paiement des dettes*
pago de intereses	*paiement d'intérêts*
pago de pensiones	*paiement de pensions*
pago de salarios	*paiement de salaires*
pago diferido	*paiement différé*
pago en efectivo	*paiement en espèces*
pago escalonado	*paiement échelonné*
pago fraccionado	*paiement fractionné*
pago inmediato	*paiement immédiat*
pago mensual	*paiement mensuel*
pago parcial	*paiement partial*
pago por adelantado	*paiement anticipé*
pago por anticipado	*paiement d'avance*
pago por cheque	*paiement par chèque*
~por crédito bancario	*~par crédit bancaire*
pago puntual	*paiement ponctuel*
pagos internacionales	*paiements internationaux*

país *(m.)*   **pays** *(m.)*

paliar *(v. tr.)*	**pallier** *(v. tr.)*
pánico *(m.)*	**panique** *(f.)*
panorama *(m.)*	**panorama** *(m.)*
papel *(m.)*	**papier** *(m.)*
papel bursátil	*papier boursier*
papel comercial	*papier commercial*
papel de colusión	*papier de collusion*
papel directo	*papier direct*
papel indirecto	*papier indirect*
papel moneda	*papier monnaie*
papel seudocomercial	*~pseudo commercial*
papeleo *(m.)*	**paperasserie** *(f.)*
paralización *(f.)*	**paralysie** *(f.)*
paralizar *(v. tr.)*	**paralyser** *(v. tr.)*
parar *(v. intr.)*	**arrêter** *(v. tr. et intr.)*
parcial *(a.)*	**partial** *(a.)*
paridad *(f.)*	**parité** *(f.)*
paridad fija	*parité fixe*
paridad monetaria	*parité monétaire*
paridad oro	*parité or*
paritario *(a.)*	**paritaire** *(a.)*
parquet *(m.)*	**parquet** *(m.)*
parte *(f.)*	**partie** *(f.)*
participación *(f.)*	**participation** *(f.)*
~en beneficios	*~aux bénéfices*
~en la sociedad	*~en société*
~ en los beneficios	*~aux bénéfices*
~extranjera	*~étrangère*
~mayoritaria	*~majoritaire*
participaciones *(f. pl.)*	**participations** *(f. pl.)*
participar *(v.tr. e intr.)*	**participer** *(v. intr.)*

partícipe *(s.)*　　　　　　　　**participant** *(m. et a.)*
partida *(f.)*　　　　　　　　　**partie** *(f.)*
pasividad *(f.)*　　　　　　　　**passivité** *(f.)*
pasivo *(m.)*　　　　　　　　　**passif** *(m.)*
pasivo a corto plazo　　　　　　　*passif à court terme*
pasivo a largo plazo　　　　　　　*passif à long terme*
pasivo acumulado　　　　　　　　*passif accumulé*
pasivo circulante　　　　　　　　　*passif circulant*
pasivo consolidado　　　　　　　　*passif consolidé*
pasivo corriente　　　　　　　　　*passif courant*
pasivo declarado　　　　　　　　　*passif déclaré*
pasivo exigible　　　　　　　　　　*passif exigible*
pasivo fijo　　　　　　　　　　　　*passif immobilisé*
pasivo real　　　　　　　　　　　　*passif réel*
patrimonial *(a.)*　　　　　　　**patrimonial** *(a.)*
patrimonio *(m.)*　　　　　　　**patrimoine** *(m.)*
pedir *(v. tr.)*　　　　　　　　**demander** *(v. tr.)*
pedir asesoramiento　　　　　　　*demander conseil*
pendiente de pago　　　　　　　**impayé** *(a. et s.)*
penuria *(f.)*　　　　　　　　　**pénurie** *(f.)*
pequeño *(a.)*　　　　　　　　　**petit** *(a.)*
percepción *(f.)*　　　　　　　　**perception** *(f.)*
perceptor *(m.)*　　　　　　　　**percepteur** *(m.)*
percibir *(v. tr.)*　　　　　　　**percevoir** *(v. tr.)*
perder *(v. tr. e intr.)*　　　　　**perdre** *(v. tr. et intr.)*
perder clientes　　　　　　　　　　*perdre des clients*
perder la validez　　　　　　　　　*perdre la validité*
pérdida *(f.)*　　　　　　　　　**perte** *(f.)*
pérdida bruta　　　　　　　　　　*perte brute*
pérdida contable　　　　　　　　　*perte comptable*
pérdida de capital　　　　　　　　*perte de capital*

pérdida de confianza	*perte de la confiance*
pérdida de valor	*perte de la valeur*
pérdida directa	*perte directe*
pérdida efectiva	*perte effective*
pérdida financiera	*perte financière*
pérdida neta	*perte nette*
pérdida parcial	*perte partielle*
pérdida real	*perte réelle*
pérdida sensible	*perte sensible*
pérdida total	*perte totale*
pérdidas brutas	*pertes brutes*
pérdidas netas	*pertes nettes*
pérdidas y ganancias	*pertes et profits*
perfeccionar *(v. tr.)*	**perfectionner** *(v. tr.)*
perfil del consumidor	**profil du consommateur**
período base	**période base**
período contable	*période comptable*
período de carencia	*période de carence*
período de garantía	*période de garantie*
período de liquidación	*période de liquidation*
peritación *(f.)*	**expertise** *(f.)*
perito *(a. y s.)*	**expert** *(m. et a.)*
perjudicar *(v. tr.)*	**nuire** *(v. intr.)*
perjudicial *(a.)*	**préjudiciable** *(a.)*
perjuicio *(m.)*	**préjudice** *(m.)*
permisible *(a.)*	**autorisable** *(a.)*
permitir *(v. tr.)*	**permettre** *(v. tr.)*
permuta *(f.)*	**permutation** *(f.)*
permutar *(v. tr.)*	**permuter** *(v. tr.et intr.)*
perseguir *(v. tr.)*	**poursuivre** *(v. tr.)*
persona *(f.)*	**personne** *(f.)*

persona física	*personne physique*
persona jurídica	*personne juridique*
personal *(a. y m.)*	**personnel** *(a. et m.)*
personal auxiliar	*personnel auxiliaire*
personal de oficina	*personnel de bureau*
personarse *(v.pron.)*	**comparaître** *(v.intr.)*
perspectivas *(f. pl.)*	**perspectives** *(f. pl.)*
~de crecimiento	*~ d'accroissement*
pertenecer *(v. intr.)*	**appartenir** *(v. intr.)*
perteneciente *(p. a.)*	**appartenant** *(a.)*
pertenencia *(f.)*	**appartenance** *(f.)*
petición *(f.)*	**demande** *(f.)*
peticionario *(s.)*	**pétitionnaire** *(s.)*
petrodólar *(m.)*	**pétrodollar** *(m.)*
pignoración *(f.)*	**nantissement** *(m.)*
pignorado *(p. p.)*	**nanti** *(a.)*
pignorar *(v. tr.)*	**nantir** *(v.tr.)*
pignoraticio *(a.)*	**nanti** *(a.)*
plan *(m.)*	**plan** *(m.)*
plan de amortización	*plan d'amortissement*
plan de financiación	*plan financier*
plan de inversión	*plan d'investissement*
plan de pago	*plan de paiement*
plan de pensiones	*plan de retraites*
plan financiero	*plan financier*
planificación *(f.)*	**planification** *(f.)*
~a corto plazo	*~à court terme*
~a largo plazo	*~à long terme*
~económica	*~économique*
~financiera	*~financière*
planificado *(p. p.)*	**planifié** *(a.)*

planificar *(v. tr.)*	**planifier** *(v. tr.)*
planteamiento *(m.)*	**exposé** *(a.et m.)*
plantilla del personal	**rôle du personnel**
plaza *(f.)*	**place** *(f.)*
plazo cumplido *(m.)*	**échéance** *(f.)*
plazo de aceptación	*délai d'acceptation*
plazo de amortización	*délai d'amortissement*
plazo de caducidad	*délai de forclusion*
plazo de garantía	*délai de garantie*
plazo de pago	*délai de paiement*
plazo de preaviso	*délai de préavis*
plazo de suscripción	*terme de souscription*
plazo de vencimiento	*échéance*
plazo final	*délai final*
plazo límite	*délai limite*
pluralidad *(f.)*	**pluralité** *(f.)*
plusvalía *(f.)*	**plus-value** *(f.)*
plusvalía de capital	*plus-value de capital*
poco *(a./ adv.)*	**peu** *(a./ adv.)*
poder *(m.)*	**pouvoir** *(m.)*
~de representación	*pouvoir de représentation*
poderdante *(m. y f.)*	**commettant** *(m.)*
poderes *(m.pl.)*	**pouvoirs** *(m.pl.)*
política *(f.)*	**politique** *(a.et s.)*
política crediticia	*politique de crédit*
política a corto plazo	*politique à court terme*
política a largo plazo	*politique à long terme*
política de empresa	*politique de l'entreprise*
política de reactivación	*politique de réactivation*
política financiera	*politique financière*
política monetaria	*politique de prix*

póliza *(f.)*	**police** *(f.)*
póliza caducada	*police d'assurance déchue*
póliza de reaseguro	*police de réassurance*
póliza de seguro	*police d´assurance*
ponderación *(f.)*	**pondération** *(f.)*
ponderado *(p. p.)*	**pondéré** *(a.)*
ponderar *(v. tr.)*	**pondérer** *(v. tr.)*
poner al día	**mettre au jour**
poner su firma	**apposer sa signature**
pool de oro	**pool d'or**
por cuenta de . . .	**pour le compte de...**
por el valor	**pour la valeur**
por unanimidad	**à l'unanimité**
porcentaje *(m.)*	**pourcentage** *(m.)*
pormenorizado *(a.)*	**détaillé** *(a.)*
pormenorizar *(v. tr.)*	**raconter en détail**
portador *(a. y s.)*	**porteur** *(m. et a.)*
poseedor *(m.)*	**possesseur** *(m.)*
poseedor de acciones	*détenteur d'actions*
poseedor de buena fe	*possesseur de bonne foi*
poseedor de mala fe	*~de mauvaise foi*
poseer *(v. tr.)*	**posséder** *(v. tr.)*
posesión *(f.)*	**possession** *(f.)*
~de bienes raíces	*~de biens fond*
posesiones *(f. pl.)*	**possessions** *(f. pl.)*
posibilidad *(f.)*	**possibilité** *(f.)*
posición *(f.)*	**position** *(f.)*
posición acreedora	*position de crédit*
posición deudora	*position débitrice*
positivo *(a.)*	**positif** *(a.)*
posponer *(v. tr.)*	**subordonner** *(v. tr.)*

postergar *(v. tr.)*	**ajourner** *(v. tr.)*
posterior *(a.)*	**postérieur** *(a.)*
postura *(f.)*	**position** *(f.)*
potencial *(a.)*	**potentiel** *(a.)*
potencial económico	*potentiel économique*
potestad *(f.)*	**pouvoir** *(m.)*
preaviso *(m.)*	**préavis** *(m.)*
precariedad *(f.)*	**précarité** *(f.)*
precario *(a)*	**précaire** *(a.)*
precaución *(f.)*	**précaution** *(f.)*
precavido *(a.)*	**précautionneux** *(a.)*
precio *(m.)*	**prix** *(m.)*
precio actual	*prix actuel*
precio al contado	*prix au comptant*
precio alto	*prix exagéré*
precio aproximado	*prix approximatif*
precio astronómico	*prix astronomique*
precio base	*prix de basse*
precio contable	*prix comptable*
precio convenido	*prix convenu*
precio de adquisición	*prix d´achat*
precio de compra	*prix d´achat*
precio de coste	*prix de coût*
precio de liquidación	*prix de liquidation*
precio de mercado	*prix de marché*
precio de oferta	*prix d´offre*
precio de salida	*prix de sortie*
precio de venta	*prix de vente*
precio del día	*prix du jour*
precio del mercado	*prix du marché*
precio demasiado alto	*prix abusif*

Español - Francés

precio demasiado bajo	prix trop bas
precio en baja	prix à la basse
precio excesivo	prix excessif
precio exorbitante	prix exorbitant
precio favorable	prix favorable
precio fijado	prix fixe
precio fijo	
precio garantizado	prix garanti
precio global	prix global
precio indicativo	prix indicatif
precio justo	prix juste
precio límite	prix limite
precio marcado	prix marqué
precio máximo	prix maximum
precio medio	prix moyen
precio mínimo	prix minimum
precio módico	prix modique
precio neto	prix net
precio nominal	prix nominal
precio oficial	prix officiel
precio ofrecido	prix proposé
precio pagado	prix payé
precio razonable	prix raisonnable
precio real	prix réel
precio rentable	prix rentable
precio ruinoso	prix ruineux
precio tope	prix final
precio total	prix total
precio último	dernier prix
precio unitario	prix unitaire
precio variable	prix variable

precio ventajoso	*prix avantageux*
precio vigente	*prix en vigueur*
precisión *(f.)*	**précision** *(f.)*
predecir *(v. tr.)*	**prédire** *(v. tr.)*
predicción *(f.)*	**prédiction** *(f.)*
predominante *(p. a.)*	**prédominant** *(a.)*
predominar *(v. tr.)*	**prédominer** *(v. intr.)*
predominio *(m.)*	**prédominance** *(f.)*
preferencia *(f.)*	**préférence** *(f.)*
preferencial *(p. a.)*	**préférentiel** *(a.)*
prefinanciación *(f.)*	**préfinancement** *(m.)*
pregunta *(f.)*	**question** *(f.)*
preguntar *(v. tr.)*	**questionner** *(v. tr.)*
prelación de créditos	**ordre des créances**
prenda *(f.)*	**gage** *(m.)*
prendador *(m.)*	**gagiste** *(m.et a.)*
prendario *(a.)*	**gagiste** *(m.et a.)*
preparar *(v. tr.)*	**préparer** *(v. tr.)*
prescribir *(v. tr.)*	**prescrire** *(v. tr.et intr.)*
prescrito *(p. p.)*	**prescrit** *(a.)*
presentar *(v. tr.)*	**présenter** *(v. tr.)*
~a la aceptación	~à l'acceptation
~a la firma	~à la signature
~al cobro	~à l'encaissement
~al descuento	~à l'escompte
~una reclamación	~une réclamation
presidente *(m.)*	**président** *(m.)*
presidir *(v. tr.)*	**présider** *(v. intr.et tr.)*
presión *(f.)*	**pression** *(f.)*
presión fiscal	*pression fiscale*
prestación de fianza	**octroi d'une garantie**

prestado *(p. p.)*	**prêté** *(a.)*
prestador *(m.)*	**prêteur** *(s.)*
prestamista *(m. y f.)*	**prêteur** *(s.)*
préstamo *(m.)*	**prêt** *(m.)*
préstamo a corto	*prêt à court terme*
préstamo a largo plazo	*prêt à long terme*
préstamo a plazo	*prêt à terme*
préstamo bancario	*prêt bancaire*
préstamo con garantía	*prêt garanti*
préstamo de dinero	*prêt d'argent*
préstamo de un día	*prêt à un jour*
préstamo en divisas	*prêt en devises*
préstamo hipotecario	*prêt hypothécaire*
préstamo personal	*prêt personnel*
préstamo sin garantía	*prêt sans garantie*
préstamo sin interés	*prêt sans intérêt*
préstamo sindicado	*prêt syndiqué*
prestar *(v. tr.)*	**prêter** *(v. tr. et intr.)*
prestar ayuda	*prêter main-forte*
prestar caución	*cautionner*
prestar dinero	*prêter de l'argent*
prestatario *(m.)*	**emprunteur** *(m.)*
prestigio *(m.)*	**prestige** *(m.)*
presupuestal *(a.)*	**budgétaire** *(a.)*
presupuestario *(a.)*	**budgétaire** *(a.)*
presupuesto *(m.)*	**budget** *(m.)*
presupuesto de caja	*budget de caisse*
presupuesto de capital	*budget de capital*
~de tesorería	*budget de trésorerie*
presupuesto financiero	*budget financier*
pretensión *(f.)*	**prétention** *(f.)*

prevenir (v. tr.)	**prévenir** (v. tr.)
prever (v. tr.)	**prévoir** (v. tr.)
previa (a.)	**préalable** (a.)
previsión (f.)	**prévision** (f.)
previsión a corto plazo	*prévision à court terme*
previsión a largo plazo	*prévision à long terme*
previsión a plazo medio	*prévision à moyen terme*
previsor (a.)	**prévoyant** (a.)
previsto (p. p. irr.)	**prévu** (a.)
prima (f.)	**prime** (f.)
prima anual	*prime annuelle*
prima bruta	*prime brute*
prima de amortización	*prime d´amortissement*
prima de emisión	*prime d´émission*
prima devengada	*prime payée*
prima única	*prime unique*
primer pago	**premier paiement**
primero (a.)	**premier** (a.)
primordial (a.)	**primordial** (a.)
principal (a. y s.)	**principal** (a. et s.)
principalmente (adv.)	**principalement** (adv.)
prioridad (f.)	**priorité** (f.)
prioritario (a.)	**prioritaire** (a.)
privatización (f.)	**privatisation** (f.)
privatizar (v. tr.)	**privatiser** (v. tr.)
privilegiado (a. y p. p.)	**privilégié** (a.)
privilegio (m.)	**privilège** (m.)
probabilidad (f.)	**probabilité** (f.)
probable (a.)	**probable** (a.)
problema (m.)	**problème** (m.)
problema económico	*problème économique*

procedencia *(f.)*	**origine** *(f.)*
proceder *(v. intr.)*	**procéder** *(v. intr.)*
proclamación *(f.)*	**proclamation** *(f.)*
proclamar *(v. tr.)*	**proclamer** *(v. tr.)*
producción anual	**production annuelle**
producido *(p. p.)*	**produit** *(m.et a.)*
producir *(v. tr.)*	**produire** *(v. tr.et intr.)*
producir interés	*produire des intérêts*
productividad *(f.)*	**productivité** *(f.)*
productivo *(a.)*	**productif** *(a.)*
producto *(m.)*	**produit** *(m.et a.)*
productor *(m.)*	**producteur** *(m.)*
profesional *(a.)*	**professionnel** *(a.)*
profundizar *(v. tr.)*	**approfondir** *(v. tr.)*
profundo *(a.)*	**profonde** *(a.)*
programa *(m.)*	**programme** *(m.)*
programa económico	*programme économique*
programación *(f.)*	**programmation** *(f.)*
programado *(a. y p.p.)*	**programmé** *(a.)*
programar *(v. tr.)*	**programmer** *(v.tr.et intr.)*
progresión *(f.)*	**progression** *(f.)*
progresiva *(a.)*	**progressive** *(a.)*
progresividad *(f.)*	**progressivité** *(f.)*
progresivo *(a.)*	**progressif** *(a.)*
progreso *(m.)*	**progrès** *(m.)*
prohibición *(f.)*	**prohibition** *(f.)*
prohibido *(p.p. y a.)*	**interdit** *(m.et a.)*
prohibir *(v. tr.)*	**interdire** *(v. tr.)*
prohibitivo *(a.)*	**prohibitif** *(a.)*
prolongación *(f.)*	**prolongation** *(f.)*
prolongar *(v. tr.)*	**prolonger** *(v. tr.)*

prolongar el pago	*prolonger le paiement*
promedio *(m.)*	**moyenne** *(f.)*
promesa *(f.)*	**promesse** *(f.)*
promesa de pago	*promesse de paiement*
promesa formal	*promesse formelle*
prometedor *(a.)*	**prometteur** *(a.)*
prometer *(v. tr.)*	**promettre** *(v.intr.et tr.)*
promover *(v. tr.)*	**promouvoir** *(v. tr.)*
promulgación *(f.)*	**promulgation** *(f.)*
promulgado *(a.)*	**promulgué** *(a.)*
promulgar *(v. tr.)*	**promulguer** *(v. tr.)*
pronóstico *(m.)*	**pronostic** *(m.)*
pronóstico del mercado	*prévisions du marché*
pronto *(a.)*	**prompt** *(a.)*
propiedad *(f.)*	**propriété** *(f.)*
propietario *(m.)*	**propriétaire** *(s.)*
proponer *(v. tr.)*	**proposer** *(v. intr.et tr.)*
proporción *(f.)*	**proportion** *(f.)*
proporcional *(a.)*	**proportionnel** *(a.)*
proporcionalidad *(f.)*	**proportionnalité** *(f.)*
proporcionar *(v. tr.)*	**proportionner** *(v. tr.)*
proposición *(f.)*	**proposition** *(f.)*
propósito *(m.)*	**intention** *(f.)*
propuesta *(f.)*	**proposition** *(f.)*
prorratear *(v. tr.)*	**partager au prorata**
prorrateo *(m.)*	**partage au prorata**
prórroga *(f.)*	**prorogation** *(f.)*
prórroga de pago	*prorogation de paiement*
prórroga forzosa	*prorogation forcée*
prorrogar *(v. tr.)*	**proroger** *(v.tr.)*
prorrogar la validez	*prolonger la validité*

prorrogar un acuerdo	*prolonger un accord*
prorrogar un plazo	*extension d'un délai*
prorrogar una letra	*~ un effet de commerce*
proseguir *(v. tr.)*	**poursuivre** *(v. tr.)*
prospecto *(m.)*	**brochure** *(f.)*
~de propaganda	*brochure de propagande*
prosperar *(v.tr. e intr.)*	**prospérer** *(v.intr.)*
prosperidad *(f.)*	**prospérité** *(f.)*
protección *(f.)*	**protection** *(f.)*
proteccionismo *(m.)*	**protectionnisme** *(m.)*
proteccionista *(s.)*	**protectionniste** *(s.)*
proteger *(v. tr.)*	**protéger** *(v. tr.)*
protesta *(f.)*	**protestation** *(f.)*
protestar *(v. tr.)*	**protester** *(v. intr.)*
protesto *(m.)*	**protêt** *(m.)*
~por falta de pago	*protêt faute de paiement*
protocolo *(m.)*	**protocole** *(m.)*
provecho *(m.)*	**profit** *(m.)*
provisión *(f.)*	**provision** *(f.)*
provisión de fondos	*provision d'argent*
provisional *(a.)*	**provisionnel** *(a.)*
proyección *(f.)*	**projection** *(f.)*
prudencia *(f.)*	**prudence** *(f.)*
prudente *(a.)*	**prudent** *(a.)*
prudentemente *(adv.)*	**prudemment** *(adv.)*
prueba *(f.)*	**preuve** *(f.)*
pública *(a.)*	**publique** *(a.)*
publicación *(f.)*	**publication** *(f.)*
publicado *(a.)*	**publié** *(a.)*
públicamente *(adv.)*	**publiquement** *(adv.)*
publicar *(v. tr.)*	**publier** *(v. tr.)*

publicidad *(f.)*	**publicité** *(f.)*
publicidad directa	*publicité directe*
publicidad en prensa	*publicité en presse*
publicidad engañosa	*publicité trompeuse*
publicidad exterior	*publicité extérieure*
publicidad radiofónica	*publicité radiophonique*
público *(a.)*	**public** *(a.)*
puntear *(v. tr.e intr.)*	**pointer** *(v. tr.et intr.)*
punteo *(m.)*	**pointage** *(m.)*
puntual *(a.)*	**ponctuel** *(a.)*

quebrantamiento

Español	*Francés*
quebrantamiento *(m.)*	**effraction** *(f.)*
quebrantar *(v. tr.)*	**casser** *(v. tr.et intr.)*
quebranto *(m.)*	**perte** *(f.)*
quebrar *(v. tr.)*	**faire faillite**
queja *(f.)*	**plainte** *(f.)*
quiebra *(f.)*	**faillite** *(f.)*
quiebra bancaria	*faillite bancaire*
quiebra fraudulenta	*faillite frauduleuse*
quincenal *(a.)*	**bimensuel** *(a.)*

rápidamente

Español *Francés*

rápidamente *(adv.)*	**rapidement** *(adv.)*
rapidez *(f.)*	**rapidité** *(f.)*
rápido *(a.)*	**rapide** *(a.)*
raspadura *(f.)*	**rature** *(f.)*
ratificación *(f.)*	**ratification** *(f.)*
ratificar *(v. tr.)*	**ratifier** *(v. tr.)*
ratio *(m.)*	**ratio** *(m.)*
ratio de activo neto	*ratio d'actif net*
ratio de capital	*ratio de capital*
ratio de efectivo	*ratio d'espèce*
ratio de liquidez	*ratio de liquidité*
razonable *(a.)*	**raisonnable** *(a.)*
razonamiento *(m.)*	**raisonnement** *(m.)*
razonar *(v. tr. e intr.)*	**raisonner** *(v. tr. et intr.)*
reacción *(f.)*	**réaction** *(f.)*
reactivación *(f.)*	**réactivation** *(f.)*
readmisión *(f.)*	**réadmission** *(f.)*
readmitir *(v. tr.)*	**réadmettre** *(v. tr.)*
reajustar *(v. tr.)*	**réajuster** *(v. tr.)*
reajustar los precios	*réajuster les prix*
reajuste *(m.)*	**réajustement** *(m.)*
real *(a.)*	**réel** *(a.)*
realidad *(f.)*	**réalité** *(f.)*
realista *(a.)*	**réaliste** *(a.)*
realizable *(a.)*	**réalisable** *(a.)*
realización *(f.)*	**réalisation** *(f.)*
~de plusvalías	*~de plus-values*

realizado *(p. p.)*	**réalisé** *(a.)*
realizar *(v. tr.)*	**réaliser** *(v. tr.)*
realizar beneficios	*réaliser des bénéfices*
realizar un pago	*effectuer un paiement*
realizar una operación	*réaliser une opération*
reanimar *(v. tr.)*	**ranimer** *(v. tr.)*
reanudación *(f.)*	**reprise** *(f.)*
reanudar *(v. tr.)*	**reprendre** *(v. tr.et intr.)*
reanudar el pago	*reprendre le paiement*
reavivar *(v. tr.)*	**raviver** *(v. tr.)*
rebaja *(f.)*	**réduction** *(f.)*
rebajar *(v. tr.)*	**abaisser** *(v. tr.)*
rebajar los precios	*rabattre du prix*
rebasar *(v. tr.e intr.)*	**dépasser** *(v.tr.et intr.)*
recalcar *(v. tr.)*	**souligner** *(v.tr.)*
recaudación *(f.)*	**recette** *(f.)*
recaudar *(v. tr.)*	**percevoir** *(v. tr.)*
recaudatorio *(a.)*	**contributif** *(a.)*
recepción *(f.)*	**réception** *(f.)*
receptor *(m.)*	**récepteur** *(m.)*
recesión *(f.)*	**récession** *(f.)*
rechazar *(v. tr.)*	**refuser** *(v. tr.et intr.)*
recibido *(p. p.)*	**reçu** *(m.)*
recibir *(v. tr.)*	**recevoir** *(v. tr.et intr.)*
recibir un anticipo	*recevoir une avance*
recibo *(m.)*	**reçu** *(m.)*
recibo provisional	*reçu provisionnel*
recientemente *(adv.)*	**récemment** *(adv.)*
reciprocidad *(f.)*	**réciprocité** *(f.)*
recíproco *(a.)*	**réciproque** *(a.)*
reclamación *(f.)*	**réclamation** *(f.)*

reclamación del pago	*réclamation du paiement*
reclamado *(p. p. y a.)*	**réclamé** *(a.)*
reclamar *(v. intr.)*	**réclamer** *(v. tr.et intr.)*
reclamar a alguien	*réclamer à quelqu'un*
reclamar el pago	*réclamer le paiement*
reclamar una deuda	*réclamer une dette*
recobrar *(v. tr.)*	**recouvrer** *(v. tr.)*
recobro *(m.)*	**recouvrement** *(m.)*
recomendable *(a.)*	**recommandable** *(a.)*
recomendación *(f.)*	**recommandation** *(f.)*
recomendado *(m.)*	**recommandé** *(a.)*
recomendar (v.tr.irreg.)	**recommander** *(v. tr.)*
recompra *(f.)*	**acheter de nouveau**
reconocimiento de deuda	**reconnaissance de dette**
~de firma	~de signature
reconsiderar *(v. tr.)*	**reconsidérer** *(v. tr.)*
rectificación *(f.)*	**rectification** *(f.)*
rectificado *(a.)*	**rectifié** *(a.)*
rectificar *(v. tr.e intr.)*	**rectifier** *(v. tr.)*
rectificar en alza	*rectifier à la hausse*
rectitud *(f.)*	**rectitude** *(f.)*
recuperable *(a.)*	**recouvrable** *(a.)*
recuperación *(f.)*	**recouvrement** *(m.)*
~económica	reprise économique
recuperado *(p. p.)*	**récupéré** *(a.)*
recuperar *(v. tr.)*	**récupérer** *(v. tr.)*
recurrir *(v. intr.)*	**appeler** *(v. tr.)*
recurrir al avalista	*recourir au garant*
recursos ajenos	**ressources externes**
recursos económicos	*recours économiques*
recursos propios	*ressources propres*

redactar *(v. tr.)*	**rédiger** *(v. tr.)*
redescuento *(m.)*	**réescompte** *(f.)*
rédito *(m.)*	intérêt *(m.)*
	revenu *(m.)*
redondear *(v. tr.)*	**arrondir** *(v. tr.)*
redondeo *(m.)*	**arrondi** *(m.)*
reducción *(f.)*	**réduction** *(f.)*
reducción de capital	*réduction de capital*
reducción de ingresos	*réduction de recettes*
reducción de precios	*réduction des prix*
~del capital social	*~du capital social*
reducción del precio	*réduction du prix*
~ del tipo de descuento	*~ du taux d'escompte*
reducido *(p. p. y a)*	**réduit** *(a.)*
reducir *(v. tr.)*	**réduire** *(v. tr.)*
reducir el capital social	*réduire le capital social*
reducir el tipo de interés	*réduire le taux d'intérêt*
reducir un crédito	*réduire un crédit*
reembolsable *(a.)*	**remboursable** *(a.)*
reembolso *(m.)*	**remboursement** *(m.)*
referencias *(f. pl.)*	**références** *(f. pl.)*
referencias bancarias	*références bancaires*
referencias comerciales	*références commerciales*
refrendar *(v. tr.)*	**ratifier** *(v. tr.)*
refrendo *(m.)*	**contreseing** *(m.)*
refugio *(m.)*	**refuge** *(m.)*
régimen *(m.)*	**régime** *(m.)*
régimen de mercado	*régime du marché*
régimen económico	*régime économique*
registrado *(a. y p. p.)*	**enregistré** *(a.)*
registrador *(m.)*	**conservateur** *(a. et m.)*

registrar *(v. tr.)*	**enregistrer** *(v. tr.)*
registro *(m.)*	**registre** *(m.)*
registro de acciones	*registre d´actions*
registro de comercio	*registre du commerce*
registro mercantil	*registre du commerce*
regla *(f.)*	**règle** *(f.)*
reglamentación *(f.)*	**réglementation** *(f.)*
reglamentar *(v. tr.)*	**réglementer** *(v. tr.)*
reglamentaria *(a.)*	**réglementaire** *(a.)*
reglamento *(m.)*	**règlement** *(m.)*
regulación *(f.)*	**régulation** *(f.)*
regulación de precios	*régulation des prix*
regulación del cambio	*régulation du change*
regulación del mercado	*régulation du marché*
regular *(v. tr.)*	**régler** *(v. tr.)*
regularización *(f.)*	**régularisation** *(f.)*
~de balances	*régularisation de bilans*
regularizar *(v. tr.)*	**régulariser** *(v. tr.)*
rehusar condiciones	**refuser les conditions**
rehusar el pago	*refuser le paiement*
reintegrable *(a.)*	**réintégrable** *(a.)*
reintegro *(m.)*	**remboursement** *(m.)*
reinversión *(f.)*	**réinvestissement** *(m.)*
reinvertir *(v. tr.)*	**réinvestir** *(v. tr.)*
reivindicación *(f.)*	**revendication** *(f.)*
reivindicar *(v. tr.)*	**revendiquer** *(v. tr.)*
relación *(f.)*	**relation** *(f.)*
relación bancaria	*relation bancaire*
relación de acreedores	*relation de créanciers*
relajación *(f.)*	**relâchement** *(m.)*
relajamiento *(m.)*	**décontraction** *(f.)*

relajar *(v. tr.)*	**relâcher** *(v. tr.et intr.)*
relevante *(a.)*	relevant *(a.)*
	remarquable *(a.)*
relevar *(v. tr.)*	**relever** *(v. tr.)*
remanente *(m.)*	**reliquat** *(m.)*
rembolsar *(v. tr.)*	**rembourser** *(v. tr.)*
remediar *(v. tr.)*	**remédier** *(v. intr.)*
remedio *(m.)*	**remède** *(m.)*
remesa *(f.)*	**remise** *(f.)*
remesa de fondos	*remise de fonds*
remesa documentaria	*remise documentaire*
remesa simple	*remise simple*
remesar *(v. tr.)*	**expédier** *(v.tr.)*
remitente *(p. a.)*	**expéditeur** *(m.)*
remitir *(v. tr.e intr.)*	**envoyer** *(v. tr.)*
remuneración *(f.)*	**rémunération** *(f.)*
~en efectivo	*~en espèces*
remunerar *(v. tr.)*	**rémunérer** *(v. tr.)*
rendición de cuentas	**reddition de comptes**
rendimiento *(m.)*	**rendement** *(m.)*
rendimiento anual	*rendement annuel*
rendimiento bruto	*rendement brut*
rendimiento de base	*rendement de base*
rendimiento del capital	*rendement du capital*
rendimiento en efectivo	*rendement en espèces*
rendimiento medio	*rendement moyen*
rendimiento neto	*rendement net*
rendir cuentas	**rendre compte**
renegociable *(a.)*	**renégociable** *(a.)*
renegociación *(f.)*	**renégociation** *(f.)*
renovable *(a.)*	**renouvelable** *(a.)*

renovación *(f.)*	**renouvellement** *(m.)*
renovación de contrato	*renouvellement du contrat*
renovado *(p. p. y a.)*	**renouvelé** *(a.)*
renovar *(v. tr.)*	**renouveler** *(v. tr.)*
renta *(f.)*	**revenu** *(m.)*
renta diferencial	*revenu différentiel*
renta económica	*revenu économique*
renta fija	*revenu fixe*
renta vitalicia	*rente viagère*
rentabilidad *(f.)*	**rentabilité** *(f.)*
rentabilidad neta	*rentabilité nette*
rentable *(a.)*	**rentable** *(a.)*
rentista *(m. y f.)*	**rentier** *(m.)*
repartición *(f.)*	**répartition** *(f.)*
repartir *(v. tr.)*	**répartir** *(v. tr.)*
repartir acciones	*répartir des actions*
reparto *(m.)*	**répartition** *(f.)*
repercusión *(f.)*	**répercussion** *(f.)*
repercutir *(v. intr. y tr.)*	**répercuter** *(v. tr.)*
repetición *(f.)*	**répétition** *(f.)*
replanteamiento *(m.)*	**remise en oeuvre**
reponer *(v. tr.)*	**remettre** *(v. tr.)*
representación *(f.)*	**représentation** *(f.)*
reprivatización *(f.)*	**réprivatisation** *(f.)*
reprobación *(f.)*	**réprobation** *(f.)*
requerimiento *(m.)*	**requête** *(f.)*
requerimiento al pago	*réquisition du paiement*
resarcimiento *(m.)*	**indemnisation** *(f.)*
resarcir *(v. tr.)*	**indemniser** *(v. tr.)*
rescate *(m.)*	**rachat** *(m.)*
reserva consolidada	**réserve consolidée**

reserva de dinero	*réserve d'argent*
reserva de divisas	*réserve de devises*
reserva de efectivo	*réserve d'espèces*
reserva de oro	*réserve-or*
reserva legal	*réserve légale*
reserva obligatoria	*réserve obligatoire*
reserva oculta	*réserve occulte*
~ para eventualidades	*réserve pour éventualités*
reservar *(v. tr.)*	**réserver** *(v. tr.)*
reservas *(f.pl.)*	**réserves** *(f.pl.)*
reservas bancarias	*réserves bancaires*
~en moneda extranjera	*~ en monnaie étrangère*
reservas estatutarias	*réserves statutaires*
reservas legales	*réserves légales*
reservas obligatorias	*réserves obligatoires*
~tácitas u ocultas	*réserves latentes*
resguardo *(m.)*	**récépissé** *(m.)*
resguardo de depósito	*récépissé de dépôt*
resguardo de entrega	*récépissé de livraison*
resguardo de valores	*reçu de valeurs*
resguardo provisional	*reçu provisoire*
residencia *(f.)*	**résidence** *(f.)*
residente *(s.)*	**résident** *(m.)*
residir *(v. intr.)*	**résider** *(v. intr.)*
residual *(a.)*	**résiduel** *(a.)*
residuo *(m.)*	**résidu** *(m.)*
resolución *(f.)*	**résolution** *(f.)*
resolver *(v. tr.)*	**résoudre** *(v. tr.)*
respaldar *(v. tr.)*	**appuyer** *(v. tr.)*
respaldo *(m.)*	**dos** *(m.)*
respetar *(v. tr.e intr.)*	**respecter** *(v. tr.)*

~el plazo de entrega	~ le délai de livraison
respetuoso *(a.)*	**respectueux** *(a.)*
respiro *(m.)*	**respiration** *(f.)*
responsabilidad *(f.)*	**responsabilité** *(f.)*
~económica	~économique
~ilimitada	~illimitée
~legal	~légale
~solidaria	~solidaire
responsable *(a.)*	**responsable** *(a.)*
respuesta *(f.)*	**réponse** *(f.)*
restablecimiento *(m.)*	**rétablissement** *(m.)*
restar *(v. tr.)*	**soustraire** *(v. tr.)*
restituible *(a.)*	**restituable** *(a.)*
resultados *(m. pl.)*	**résultats** *(m. pl.)*
resumen *(m.)*	**résumé** *(m.)*
resumir *(v. tr.)*	**résumer** *(v. tr.)*
retardar *(v. tr.)*	**retarder** *(v.intr.et tr.)*
retardar el pago	*retarder le paiement*
retención *(f.)*	**rétention** *(f.)*
retener *(v. tr.irreg.)*	**retenir** *(v.tr. et intr.)*
retirar *(v. tr.)*	**retirer** *(v. tr.)*
retirar dinero	*retirer de l'argent*
retrasado *(a. y s.)*	**retardataire** *(a.)*
retrasar *(v. tr.)*	**retarder** *(v.intr.et tr.)*
retraso en el pago	**retard dans le paiement**
retribuciones *(f.pl.)*	**rétributions** *(f.pl.)*
retribuido *(p. p.)*	**rétribué** *(a.)*
retribuir *(v. tr.)*	**rétribuer** *(v. tr.)*
retroactivo *(a.)*	**rétroactif** *(a.)*
revalorización *(f.)*	**revalorisation** *(f.)*
revalorizado *(p. p.)*	**revalorisé** *(a.)*

Español - Francés

revalorizar *(v. tr.)*
revalorizar una moneda
revaluación *(f.)*
revaluado *(p. p.)*
revisado *(p. p.)*
revisar *(v. tr.)*
revisar una cuenta
revisión *(f.)*
revisión general
revocabilidad *(f.)*
revocable *(a.)*
revocación *(f.)*
~de un contrato
rico *(a.)*
riesgo *(m.)*
riesgo de cambio
riesgo de crédito
riesgo económico
riesgo en curso
riesgo financiero
rigidez *(f.)*
rígido *(a.)*
rigor *(m.)*
riguroso *(a.)*
riqueza *(f.)*
robar *(v. tr.)*
robo *(m.)*
robo a mano armada
rogar *(v. tr.)*
royalties *(m. pl.)*
rúbrica *(f.)*

revaloriser *(v. tr.)*
revaloriser une monnaie
réévaluation *(f.)*
réévalué *(a.)*
révisé *(a.)*
réviser *(v. tr.)*
réviser un compte
révision *(f.)*
révision générale
révocabilité *(f.)*
révocable *(a.)*
rétractation *(f.)*
révocation d'un contrat
riche *(a.)*
risque *(m.)*
risque de change
risque de crédit
risque économique
risque en cours
risque financier
rigidité *(f.)*
rigide *(a.)*
rigueur *(f.)*
rigoureux *(a.)*
richesse *(f.)*
voler *(v. tr. et v.intr.)*
vol *(m.)*
vol à main armée
prier *(v. tr.et intr.)*
royalties *(f.pl.)*
rubrique *(f.)*

rubricar *(v. tr.)*	**parapher** *(v.tr.)*
ruina *(f.)*	**ruine** *(f.)*
ruinoso *(a.)*	**ruineux** *(a.)*
rumor *(m.)*	**rumeur** *(f.)*
rutina *(f.)*	**routine** *(f.)*
rutinario *(a.)*	**routinier** *(a.)*

saber

Español	*Francés*

saber *(v. tr. e intr.)*   **savoir** *(v. tr./ v.i.)*
sacar *(v. tr.)*   **retirer** *(v. tr.)*
sacar dinero   *sortir de l'argent*
salarial *(a.)*   **salarial** *(a.)*
salario *(m.)*   **salaire** *(m.)*
salario base   *salaire base*
salario bruto   *salaire brut*
salario devengado   *salaire échu*
salario en efectivo   *salaire en espèces*
salario mensual   *salaire mensuel*
salario mínimo   *salaire minimum*
salario neto   *salaire net*
saldar *(v. tr.)*   **solder** *(v. tr.)*
saldar una cuenta   *solder un compte*
saldar una deuda   *solder une dette*
saldo *(m.)*   **solde** *(m.)*
saldo acreedor   *solde créditeur*
saldo bancario   *solde bancaire*
saldo de cuenta   *solde de compte*
saldo de una cuenta   *solde d'un compte*
saldo deudor   *solde débiteur*
saldo final   *solde final*
saldo líquido   *solde net*
saldo negativo   *solde négatif*
saldo vencido   *solde échu*
salida *(f.)*   **sortie** *(f.)*
salida de capital   *sortie de capital*

salida de divisas	*sortie de devises*
salida de efectivo	*sortie d'argent*
salidas de caja	*sorties de caisse*
salvedad (f.)	**exception** (f.)
salvo error u omisión	**sauf erreur ou omission**
saneado (a.)	**sain** (a.)
saneamiento (m.)	**assainissement** (m.)
sanear (v. tr.)	**assainir** (v. tr.)
satisfacción (f.)	**satisfaction** (f.)
saturación (f.)	**saturation** (f.)
saturación del mercado	*saturation du marché*
saturar (v.tr.)	**saturer** (v.tr.)
secretaría (f.)	**secrétariat** (m.)
secretaria (m.)	**secrétaire** (m.)
secretario general	**secrétaire général**
secreto (m.)	**secret** (m.)
secreto bancario	*secret bancaire*
secreto profesional	*secret professionnel*
sector bancario	**secteur bancaire**
sede (f.)	**siège** (m.)
seguimiento (m.)	**suite** (f.)
seguir (v. tr.irreg.)	**suivre** (v.intr.et tr.)
según (prep.)	**selon** (prep.)
según cantidad	**aux termes de quantité**
según contrato	**aux termes du contrat**
según el valor	**aux termes de la valeur**
según lo convenido	**aux termes de l'accord**
seguramente (adv.)	**sûrement** (adv.)
seguridad (f.)	**sécurité** (s.)
seguro (a. y m.)	**assurance** (f.)
seguro de cambio	*assurance de change*

seguro de crédito	*assurance de crédit*
seleccionado *(a.y p.p.)*	**sélectionné** *(a.)*
seleccionar *(v. tr.)*	**sélectionner** *(v. tr.)*
selectiva *(a.)*	**sélective** *(a.)*
sellado de acciones	**timbrage d´actions**
semana *(f.)*	**semaine** *(f.)*
semanal *(a.)*	**hebdomadaire** *(a.)*
semestral *(a.)*	**semestriel** *(a.)*
sencillamente *(adv.)*	**simplement** *(adv.)*
sencillo *(a.)*	**simple** *(a.)*
sensatez *(f.)*	**bon sens**
sensato *(a.)*	**sensé** *(a.)*
sensible *(a.)*	**sensible** *(a.)*
señalar *(v. tr.)*	**signaler** *(v. tr.)*
señas *(f. pl.)*	**adresse** *(f.)*
severo *(a.)*	**sévère** *(a.)*
si *(conj.)*	**oui** *(conj.)*
signatura *(f.)*	**signature** *(f.)*
similar *(a.)*	**similaire** *(a.)*
simple *(a.)*	**simple** *(a.)*
simplificación *(f.)*	**simplification** *(f.)*
sin abonar en cuenta	**sans créditer**
sin aviso	**sans avis**
sin cargar en cuenta	**sans débiter**
sin comisión	**sans commission**
sin descuento	**sans bonification**
sin gastos	**sans frais**
sin interés	**sans intérêt**
sin pérdidas	**sans pertes**
sinceramente *(adv.)*	**sincèrement** *(adv.)*
sinceridad *(f.)*	**sincérité** *(f.)*

sincero (a.)	**sincère** (a.)
sindicato (m.)	**syndicat** (m.)
sindicato bancario	syndicat bancaire
síndico (m.)	**syndic** (m.)
sistema (f.)	**système** (m.)
sistema bancario	système bancaire
sistema capitalista	système capitaliste
sistema competitivo	système compétitif
sistema contable	système comptable
sistema financiero	système financier
sistema monetario	système monétaire
situación (f.)	**situation** (f.)
situación del mercado	situation du marché
situación económica	situation économique
situación financiera	situation financière
sobrepasar (v. intr.)	**dépasser** (v.tr.et intr.)
sobrepasar el plazo	dépasser le terme
sobrevalorado (a.)	**surévalué** (a.)
sobrevalorar (v. tr.)	**surévaluer** (v. tr.)
sociedad anónima	**société anonyme**
sociedad extranjera	société étrangère
sociedad financiera	société financière
sociedad mercantil	société commerciale
socio (m.)	**associé** (m.)
socio capitalista	associé capitaliste
socio colectivo	associé collectif
socio comanditario	associé commanditaire
socio honorario	associé honoraire
socio industrial	associé industriel
socio participante	associé participant
solicitado (p. p.)	**sollicité** (a.)

solicitante (s.)	**sollicitant** (s.)
solicitar (v.tr.)	**solliciter** (v. tr.)
solicitud (f.)	**demande** (f.)
solicitud de crédito	*demande de crédit*
solidariamente (adv.)	**solidairement** (adv.)
solidario (a.)	**solidaire** (a.)
solidez (f.)	**solidité** (f.)
sólido (a.)	**solide** (a.)
solo (a.)	**seul** (a.)
solvencia (f.)	**solvabilité** (f.)
solventar (v. tr.)	**acquitter** (v. tr.)
solvente (p. a. y a.)	**solvable** (a.)
sondear (v. tr.)	**sonder** (v. tr.)
sondeo (m.)	**sondage** (m.)
sorprendente (a.)	**surprenant** (a.)
sorprender (v. tr.)	**surprendre** (v. tr.)
sorpresa (f.)	**surprise** (f.)
sostén (m.)	**soutien** (m.)
sostener (v. tr.)	**soutenir** (v. tr.)
sostener el mercado	*soutenir le marché*
sostener los precios	*soutenir les prix*
sostener una moneda	*soutenir une monnaie*
sostenible (a.)	**soutenable** (a.)
sostenimiento (m.)	**soutenance** (f.)
subasta (f.)	**encan** (m.)
subastador (m.)	**adjugeur** (m.)
subcuenta (f.)	**sous-compte** (m.)
subdesarrollo (m.)	**sous-développement** (m.)
subdirector (m.)	**sous-directeur** (m.)
subestimación (f.)	**sous-estimation** (f.)
subestimar (v. tr.)	**sous-estimer** (v. tr.)

subir (v. intr.)	**augmenter** (v.intr. et tr.)
subir la cotización	augmenter la cotisation
subir lentamente	augmenter lentement
subrayar (v. tr.)	**souligner** (v.tr.)
subsanable (a.)	**réparable** (a.)
subsanar (v. tr.)	**réparer** (v. tr.)
subtotal (m.)	**sous-total** (m.)
subvalorado (a.)	**sous-évalué** (a.)
subvalorar (v. tr.)	**sous-évaluer** (v. tr.)
sucursal (f.)	**succursale** (f.)
sucursal bancaria	succursale bancaire
sucursal de banco	succursale de banque
sueldo (m.)	**salaire** (m.)
sueldo anual	salaire annuel
sueldo mensual	salaire mensuel
sufragar (v. tr.)	**financer** (v. tr.et intr.)
sugerencia (f.)	**suggestion** (f.)
sugerir (v. tr.)	**suggérer** (v. tr.)
sujeción (f.)	**assujettissement** (m.)
suma (f.)	**somme** (f.)
suma en bruto	somme brute
suma en descubierto	somme au découvert
suma estimada	somme estimée
suma global	somme globale
suma pagada	somme payée
suma restante	solde
suma total	somme totale
sumar (v. tr.)	**additionner** (v. tr.)
superar (v. tr.)	**surmonter** (v.tr.)
superávit (m.)	**excédent** (a.et m.)
superávit de caja	excédent de caisse

superávit de capital — *excédent de capital*

suscripción *(f.)* — **souscription** *(f.)*

suscriptor *(m.)* — **souscripteur** *(m.)*

suscrito *(p. p.)* — **souscrit** *(a.)*

suspender pagos — **cesser les paiements**

suspensión de pagos — **cessation des paiements**

sustentar *(v. tr.)* — **soutenir** *(v. tr.)*

sustracción *(f.)* — **soustraction** *(f.)*

sustraer *(v. tr.)* — **soustraire** *(v. tr.)*

tabla

Español	*Francés*
tabla *(f.)*	**tableau** *(m.)*
tabla de amortización	*table d'amortissement*
tabla financiera	*tableau financier*
tachable *(a.)*	**blâmable** *(a.)*
tachadura *(f.)*	**biffage** *(m.)*
talón *(m.)*	**chèque** *(m.)*
~con saldo confirmado	*~avec solde confirmé*
talón conformado	*chèque conformé*
talón cruzado	*chèque barré*
talón de ventanilla	*chèque de guichet*
talonario *(m.)*	**chéquier** *(m.)*
talonario de cheques	*chéquier*
tarjeta *(f.)*	**carte** *(f.)*
tarjeta de crédito	*carte de crédit*
tarjeta de identidad	*carte d'identité*
tasa *(f.)*	**taux** *(m.)*
tasa anual	*taux annuel*
tasa de amortización	*taux d'amortissement*
tasa de cambio	*taux de change*
tasa mínima	*taux minimum*
tasa neta	*taux net*
tasa real	*taux réel*
tasador *(m.)*	**expert** *(m. et a.)*
telefonear *(v. tr.)*	**téléphoner** *(v.tr.et intr.)*
telefónico *(a.)*	**téléphonique** *(a.)*
teléfono *(m.)*	**téléphone** *(m.)*
telegrafiar *(v. tr.)*	**télégraphier** *(v.intr.et tr.)*

telegrama *(m.)*	**télégramme** *(m.)*
teleproceso *(m.)*	**télégestion** *(f.)*
temerario *(a.)*	**téméraire** *(a.)*
temeridad *(f.)*	**témérité** *(f.)*
temporada *(f.)*	**saison** *(f.)*
tendencia *(f.)*	**tendance** *(f.)*
tendencia a la baja	*tendance à la baisse*
tendencia al alza	*tendance à la hausse*
tendencia alcista	
tendencia del mercado	*tendance du marché*
tendencia económica	*tendance économique*
tenedor *(m.)*	**teneur** *(m.)*
tenedor de libros	*commis comptable*
teneduría de libros *(f.)*	**tenue de livres** *(f.)*
tenencia *(f.)*	**possession** *(f.)*
tener derecho	**avoir le droit de**
tener efecto	**avoir un effet..**
tener influencia	**avoir de l'influence**
tener obligación de	**avoir l'obligation de**
tensión *(f.)*	**tension** *(f.)*
teórico *(a.)*	**théorique** *(a.)*
tergiversación	**interprétation erronée**
tergiversar *(v. tr.)*	**fausser** *(v. tr.)*
terminado *(p. p.)*	**terminé** *(a.)*
terminante *(p. a.)*	**final** *(a.)*
terminar *(v. tr. e intr.)*	**terminer** *(v.tr.)*
término *(m.)*	**terme** *(m.)*
tesorería *(f.)*	**trésorerie** *(f.)*
tesorero *(m.)*	**trésorier** *(m.)*
test *(m.)*	**test** *(m.)*
testaferro *(m.)*	**prête-nom** *(m.)*

testificar (v. tr. e intr.)	**attester** (v. tr.)
texto (m.)	**texte** (m.)
textual (a.)	**textuel** (a.)
ticket (m.)	**ticket** (m.)
timador (m.)	**escroc** (m.)
timo (m.)	**escroquerie** (f.)
tipo (m.)	**taux** (m.)
tipo básico	*taux de base*
tipo de cambio	*cours de change*
tipo de cambio fijo	*taux cours de change fixe*
tipo de cambio flotante	*taux cours flottant*
tipo de comisión	*taux de commission*
tipo de compra	*taux d'achat*
tipo de descuento	*taux d'escompte*
tipo de interés	*taux d'intérêt*
tipo de redescuento	*taux d´escompte*
tipo legal	*taux légal*
titular (a. y s.)	**titulaire** (s. et a.)
titular de cuenta	*titulaire d'un compte*
titularidad (f.)	**titularisation** (f.)
título (m.)	**titre** (m.)
título a la orden	*titre à l'ordre*
título al portador	*titre au porteur*
título de propiedad	*titre de propriété*
título negociable	*titre négociable*
título nominal	*titre nominal*
título nominativo	*titre nominatif*
títulos valores	**titres valeurs**
tolerancia (f.)	**tolérance** (f.)
tolerante (a.)	**tolérant** (a.)
tolerar (v. tr.)	**tolérer** (v. tr.)

tomador *(m.)*	**preneur** *(m.)*
total *(a. y s.)*	**total** *(a. et m.)*
total de ventas	*total des ventes*
totalidad *(f.)*	**totalité** *(f.)*
totalmente *(adv.)*	**totalement** *(adv.)*
trabajador *(m.)*	**travailleur** *(m.)*
trabajar *(v. intr.)*	**travailler** *(v. intr.)*
trabajo *(m.)*	**travail** *(m.)*
traducir *(v. tr.)*	**traduire** *(v. tr.)*
traductor *(m.)*	**traducteur** *(m.)*
traer *(v. tr.)*	**apporter** *(v. intr.)*
tramitación *(f.)*	**cours d´une affaire**
tranquilidad *(f.)*	**tranquillité** *(f.)*
transacción *(f.)*	**transaction** *(f.)*
transacción bancaria	*transaction bancaire*
transacción bursátil	*transaction boursière*
transacción comercial	*transaction commerciale*
transacción financiera	*transaction financière*
~internacionales	*~internationales*
transferencia *(f.)*	**transfert** *(m.)*
transferencia a cuenta	*transfert à un compte*
transferencia bancaria	*transfert bancaire*
transferencia de capital	*transfert de capital*
transferencia de divisas	*transfert de devises*
transferencia ordinaria	*transfert ordinaire*
transferencia por cable	*transfert par câble*
transferencia por correo	*transfert par la poste*
transferencia postal	*transfert postal*
transferencia telefónica	*transfert téléphonique*
transferente *(m.)*	**transfert** *(m.)*
transferible *(a.)*	**transférable** *(a.)*

transferir *(v. tr.)*	**transférer** *(v. tr.)*
transmisibilidad *(f.)*	**transmissibilité** *(f.)*
transmisible *(a.)*	**transmissible** *(a.)*
transmisión *(f.)*	**transmission** *(f.)*
transporte *(m.)*	**transport** *(m.)*
transportista *(m.)*	**transporteur** *(m.)*
traspasable *(a.)*	**cessible** *(a.)*
traspasar *(v. tr.)*	**céder** *(v. tr.et intr.)*
traspaso *(m.)*	**transfert** *(m.)*
tratado *(m.)*	**traité** *(m.)*
tratado comercial	*traité commercial*
tratado de comercio	*traité de commerce*
trimestral *(a.)*	**trimestriel** *(a.)*
trimestre *(m.)*	**trimestre** *(m.)*
trueque *(m.)*	**échange** *(m.)*

último

Español	*Français*
último *(a. y s.)*	**dernier** *(a. et s.)*
unánime *(a.)*	**unanime** *(a.)*
unánimemente *(adv.)*	**unanimement** *(adv.)*
unanimidad *(f.)*	**unanimité** *(f.)*
único *(a.)*	**unique** *(a.)*
unificar *(v. tr.)*	**unifier** *(v. tr.)*
unión *(f.)*	**union** *(f.)*
unión económica	*union économique*
unión monetaria	*union monétaire*
unipersonal *(a.)*	**unipersonnel** *(a.)*
urgencia *(f.)*	**urgence** *(f.)*
urgente *(a.)*	**urgent** *(a.)*
usual *(a.)*	**usuel** *(a.)*
usuario *(m.)*	**usager** *(m.)*
usura *(f.)*	**usure** *(f.)*
usurero *(m.)*	**usurier** *(m.)*
útil *(a.)*	**utile** *(a.)*

valía

Español   *Français*

valía (f.)   **valeur** (f.)
validez (f.)   **validité** (f.)
válido (a.)   **valide** (a.)
valor (m.)   **valeur** (f.)
valor a plazo   *valeur à terme*
valor actual   *valeur actuelle*
valor al portador   *valeur au porteur*
valor añadido   *valeur ajoutée*
valor bursátil   *valeur boursière*
valor capitalizado   *valeur capitalisée*
valor comercial   *valeur commerciale*
valor contable   *valeur comptable*
valor de cambio   *valeur de change*
valor de canje   *valeur de reprise*
valor de emisión   *valeur d´émission*
valor de inventario   *valeur d´inventaire*
valor de inversión   *valeur de placement*
valor de la moneda   *valeur de la monnaie*
valor de liquidación   *valeur de liquidation*
valor de mercado   *valeur du marché*
valor de rescate   *valeur de rachat*
valor de tasación   *valeur de taxation*
valor del dinero   *valeur de l´argent*
valor en bolsa   *valeur en bourse*
valor en cuenta   *valeur en compte*
valor en libros   *valeur comptable*
valor estimado   *valeur d'estimation*

valor estimativo	*valeur estimative*
valor inicial	*valeur initiale*
valor medio	*valeur moyenne*
valor neto	*valeur nette*
valor nominal	*valeur nominale*
valor real	*valeur réelle*
valor realizable	*valeur réalisable*
valor recibido	*valeur reçue*
valoración *(f.)*	**évaluation** *(f.)*
valorado *(p. p.)*	**estimé** *(a.)*
valorar *(v. tr.)*	**évaluer** *(v.tr.)*
valores *(m. pl.)*	**valeurs** *(f. pl.)*
~de renta fija	~à rentabilité fixe
~de renta variable	~ à rentabilité variable
~del estado	~d'état
~en cartera	~en portefeuille
~en custodia	~en dépôt
~extranjeros	~étrangères
~mobiliarios	~mobilières
~negociables	~négociables
~públicos	~publiques
valuación *(f.)*	**estimation** *(f.)*
valuar *(v. tr.)*	**évaluer** *(v.tr.)*
valuta *(f.)*	**change** *(m.)*
variable *(a.)*	**variable** *(a.)*
variación de precios	**variation des prix**
variante *(f.)*	**variation** *(f.)*
vencido *(a.)*	**échu** *(a.)*
vencimiento *(m.)*	**échéance** *(f.)*
~de intereses	~d'intérêts
~de la letra	~ d'une lettre de change

~del contrato	~du contrat
~del plazo	~du terme
vendedor *(m.)*	**vendeur** *(m.)*
vender *(v. tr.)*	**vendre** *(v. tr.)*
vender bien	*vendre bien*
vendí *(m.)*	**certificat de vente**
venta *(f.)*	**vente** *(f.)*
~al contado	~au comptant
~anticipada	~anticipée
~de divisas	~de devises
~de divisas a plazo	~de devises à terme
~de divisas al contado	~ de devises au comptant
~de valores	~de valeurs
~en firme	~ferme
~por liquidación	~de liquidation
ventaja *(f.)*	**avantage** *(f.)*
ventajoso *(a.)*	**avantageux** *(a.)*
verdadera *(a.)*	**vraie** *(a.)*
verificación *(f.)*	**vérification** *(f.)*
verificación del precio	*vérification du prix*
verificar *(v. tr.)*	**vérifier** *(v. tr.)*
vicepresidente *(m.)*	**vice-président** *(m.)*
vigilancia *(f.)*	**surveillance** *(f.)*
vigilar *(v. intr.)*	**surveiller** *(v. tr.)*
vinculable *(a.)*	**rattachable** *(a.)*
vinculación *(f.)*	**rattachement** *(m.)*
vinculado *(p. p.)*	**rattaché** *(a.)*
visar *(v. tr.)*	**viser** *(v. intr.et tr.)*
visita *(f.)*	**visite** *(f.)*
visto bueno *(m.)*	**conformité** *(f.)*
vitalicio *(a.)*	**viager** *(a.)*

volumen *(m.)*
volumen crediticio
volumen de dinero
volumen de negocio
volumen de ventas
votación *(f.)*
votación unánime
votar *(v. intr.)*
voto *(m.)*
voto mayoritario

volume *(m.)*
volume de crédit
volume d'argent
chiffre d'affaires
volume des ventes
votation *(f.)*
vote à l'unanimité
voter *(v. intr. et tr.)*
vote *(m.)*
vote majoritaire

zona

Español

zona (f.)
zona de libre comercio
zona monetaria

Francés

zone (f.)
zone de libre échange
zone monétaire

www.ingramcontent.com/pod-product-compliance
Lightning Source LLC
Chambersburg PA
CBHW031052180526
45163CB00002BA/806